Zivilrecht

2017

Dr. Jan Stefan Lüdde
Rechtsanwalt und Repetitor

ALPMANN UND SCHMIDT Juristische Lehrgänge Verlagsges. mbH & Co. KG
48143 Münster, Alter Fischmarkt 8, 48001 Postfach 1169, Telefon (0251) 98109-0
AS-Online: www.alpmann-schmidt.de

Dr. Lüdde, Jan Stefan
Zivilrecht
6., neu bearbeitete Auflage 2017
ISBN: 978-3-86752-547-3

Verlag: Alpmann und Schmidt Juristische Lehrgänge
Verlagsgesellschaft mbH & Co. KG, Münster

Abgabe (einer Willenserklärung) [§ 130] ★

Endgültige willentliche Entäußerung in den Rechtsverkehr. Eine empfangsbedürftige ⇨ Willenserklärung ist nach h.M. abgegeben, wenn sie mit Willen des Erklärenden in den Verkehr gelangt ist und der Erklärende damit rechnen konnte und gerechnet hat, dass sie den richtigen Empfänger erreichen werde. Eine nicht empfangsbedürftige Willenserklärung ist abgegeben, wenn der Erklärende seinen rechtsgeschäftlichen Willen so geäußert hat, dass an der Endgültigkeit dieser Äußerung kein Zweifel bestehen kann.

Abhandengekommene Willenserklärung [§ 130]

Eine ⇨Willenserklärung wurde vom Erklärenden nicht abgegeben (⇨ Abgabe), der Erklärende hat das Inverkehrbringen aber zu vertreten. Nach h.M. wird auch eine solche Willenserklärung „als abgegeben" angesehen. Sie ist (schadensersatzpflichtig, § 122) anfechtbar analog § 119 I Var. 1.

Abhandenkommen [§ 935 I] ★

Unfreiwilliger Verlust des unmittelbaren Besitzes ohne oder gegen den Willen des unmittelbaren Besitzers. Insbesondere Diebstahl und Verlieren der Sache.

Abkömmlinge [§ 1589]

Sämtliche ⇨ Verwandte in absteigender Linie, also Kinder, Enkel, Urenkel.

Ablaufhemmung (der Verjährung)
[§§ 203 S. 2, 210 f.]

Hinderungsgrund für den Eintritt der ⇨ Verjährung. Die angehaltene Verjährungsfrist läuft weiter, wobei ein bestimmter Mindestzeitraum bis zum Fristende nicht unterschritten wird. Beachte den Unterschied zu ⇨ Hemmung und ⇨ Neubeginn der Verjährung.

Ablieferung
[§§ 815 ff. ZPO]

⇨ Übereignung einer durch den Gerichtsvollzieher öffentlich versteigerten Sache an den Ersteigerer durch Hoheitsakt (nicht: Rechtsgeschäft).

Abmahnung
[z.B. §§ 281 III, 323 III]

An Stelle der Fristsetzung nach §§ 281 I, 283 I tretende Erklärung des Gläubigers, durch welche er dem Vertragspartner verdeutlicht, dass ein vertragswidriges Verhalten nicht hingenommen wird.

Abnahme
[§ 640 I]
★

Körperliche Entgegennahme des Werkes, verbunden mit der Anerkennung als im Wesentlichen vertragsgemäße Leistung. Wird u.U. ersetzt durch die Vollendung des Werkes (§ 646) oder das pflichtwidrige Unterlassen der Abnahme (§ 640 I 3; ab dem 01.01.2018: § 640 II).

Absolute Verfügungsbeschränkung

Einschränkung der Verfügungsbefugnis im Interesse der Allgemeinheit (und nicht nur zum Schutz bestimmter Personen), welche den ⇨ gutgläubigen Erwerb des betreffenden Gegenstands ausschließt, z.B. § 81 I 1 InsO.

Absolutes Fixgeschäft
[§ 275 I]
★

Aus den Umständen des ⇨ Fixgeschäfts ergibt sich, dass die Leistung nur zu der vereinbarten Zeit für den Schuldner sinnvoll ist, z.B. die Lieferung einer Hochzeitstorte. Nach Zeitablauf tritt daher ⇨ Unmöglichkeit ein.

Absolutes Recht
★

Gegen jedermann wirkendes Recht eines Rechtssubjekts.

Absolutes Veräußerungsverbot

Siehe ⇨ Veräußerungsverbot

Absonderung
[§§ 49–52 InsO]

Recht auf bevorzugte Befriedigung aus Gegenstand, der zur Insolvenzmasse gehört (abzugrenzen von der ⇨ Aussonderung).

Abstrakt

(lat.) „Von der Wirklichkeit abgetrennt": begrifflich verallgemeinert

---

Abstraktes Schuldanerkenntis

Synonym für ⇨ konstitutives Schuldanerkenntnis

Abtretung
[§ 398 S. 1]
★

Abstrakter Verfügungsvertrag, durch den der Gläubiger einer Forderung (Zedent) diese auf seinen Vertragspartner (Zessionar) überträgt. Der Zessionar kann sodann die Forderung unmittelbar gegenüber dem Schuldner geltend machen.

---

accidentalia negotii

Vgl. ⇨ essentialia negotii

---

actio pro socio

(lat.) „Klage für die Gesellschaft": Geltendmachung eines Rechts, das allen Gesellschaftern als Gesamthandsgemeinschaft (⇨ Gesamthandsberechtigung) gegen einen anderen Gesellschafter zusteht, durch einen Gesellschafter in eigenem Namen auf Leistung an die Gesamthand.

Adäquanz
★

(lat.) „adäquat = angemessen, entsprechend": Ein Ereignis ist adäquate Ursache eines anderen Ereignisses, wenn dieses nicht außerhalb aller Wahrscheinlichkeit liegt.

Aktiengesellschaft (AG)
★

⇨ Kapitalgesellschaft, geregelt im AktG, ausgerichtet auf viele Gesellschafter, die nur zu Anlagezwecken beteiligt sind.

Akzessorietät
★

Abhängigkeit eines Rechts von einem anderen Recht derart, dass Entstehung, Bestand, Untergang und Übergang des einen Rechts von dem anderen abhängig sind, z.B. ⇨ Bürgschaft (vgl. § 767 I 1).

Aliudlieferung
[§§ 434 III Var. 1, 633 II 3 Var. 1]

(lat.) „aliud = etwas anderes“: Die gelieferte Sache stammt entweder (bei der ⇨ Gattungsschuld) aus einer anderen Gattung oder aber sie ist (bei der ⇨ Stückschuld) nicht die vereinbarte Sache.

Allgemeine Geschäftsbedingungen
[§ 305 I 1]

Für eine ⇨ Vielzahl von Verträgen ⇨ vorformulierte Vertragsbedingungen, die eine Vertragspartei (Verwender) der anderen Vertragspartei bei Abschluss eines Vertrags stellt.

Allgemeines Persönlichkeitsrecht
[Art. 1 I, Art. 2 I GG]
★

Recht des Menschen auf Achtung seiner Würde und freie Entfaltung seiner Persönlichkeit. Geschützt sind natürliche Personen, auch über den Tod hinaus (postmortaler Persönlichkeitsschutz). Juristische Personen und Personengesellschaften genießen Schutz, wenn ihr sozialer Geltungsanspruch in ihrem Aufgabenbereich betroffen wird. Wird als ⇨ sonstiges Recht i.S.d. § 823 I (auch i.V.m. § 1004) geschützt. Vgl. ⇨ Rahmenrecht.

Allgemein-Verbraucherdarlehensvertrag
[§ 491 II]

⇨ Verbraucherdarlehensvertrag

Alternativtäterschaft
[§ 830 I 2]

Schadensersatzhaftung aller potenziellen Schädiger. Voraussetzungen: Bei jedem Schädiger muss der anspruchsbegründende Tatbestand bis auf das Erfordernis der Kausalität für den konkret eingetretenen Schaden erfüllt sein, die Rechtsgutverletzung ist definitiv von einem der Schädiger herbeigeführt worden, es ist nicht feststellbar, wer von den Schädigern die Rechtsgutverletzung verursacht hat und keiner der Schädiger kann einen Rechtfertigungs- oder Entschuldigungsgrund vorbringen.

Analogie
★

Anwendung der Rechtsfolgen einer Norm (Gesetzesanalogie) oder des einer Reihe von Regelungen gemeinsamen Grundprinzips (Rechtsanalogie) auf einen von ihren Voraussetzungen nicht mehr erfassten Fall. Voraussetzungen: Bestehen einer planwidrigen Regelungslücke und Vergleichbarkeit der Sach- und Interessenlage des ungeregelten mit dem gesetzlich geregelten Fall. Gegenstück zur Analogie ist die ⇨ teleologische Reduktion.

Anbringung
[§ 439 III, Inkrafttreten am 01.01.2018]

Zwar kein ⇨ Einbau, aber die weniger feste Montage einer Sache an eine andere Sache (z.B. einer Regenrinne oder eine Lampe an ein Gebäude). Außerdem Fälle, in denen die Kaufsache insbesondere aufgrund ihrer Konsistenz begrifflich nicht „(ein)gebaut" oder „montiert" wird (z.B. das Auftragen von Farbe und Lack auf eine Sache).

Aneignung
[§§ 958 ff.]

Erwerb des Eigentums an herrenlosen (⇨ Herrenlosigkeit) beweglichen Sachen durch Begründung von Eigenbesitz (⇨ Eigenbesitzer), wenn kein Aneignungsrecht eines Dritten und kein Aneignungsverbot besteht.

Anerkenntnis
[§ 307 ZPO]
★

Erklärung des Beklagten im Zivilprozess, dass er den gegen ihn erhobenen prozessualen Anspruch als bestehend und durchsetzbar hinnehme. Abzugrenzen vom ⇨ Geständnis, welches sich nur auf Tatsachen bezieht.

Anerkenntnisurteil
[§ 307 ZPO]

Urteil, das gegen den Beklagten aufgrund seines prozessualen ⇨ Anerkenntnisses ergeht.

Anfangsvermögen
[§ 1374]

Vermögen, das ein Ehegatte in die ⇨ Zugewinngemeinschaft beim Eintritt in diese (i.d.R. mit Schließung der ⇨ Ehe) hat, abzüglich seiner Verbindlichkeiten. Relevant für die Berechnung des ⇨ Zugewinnausgleichs.

Anfechtungserklärung
[§ 143 I]

Einseitige empfangsbedürftige ⇨ Willenserklärung, die als Gestaltungserklärung ein nach §§ 119, 120, 123 anfechtbares Rechtsgeschäft gemäß § 142 I mit Rückwirkung (ex tunc) beseitigt.

Angebot
[§§ 145 ff.]
★

⇨ Willenserklärung, die auf den Abschluss eines Vertrags gerichtet ist und alle vertragswesentlichen Regelungspunkte (⇨essentialia negotii) so bestimmt bezeichnet, dass der Erklärungsempfänger nur noch „Ja" zu sagen braucht.

Anhängigkeit
★

Zustand, der mit Einreichung einer Klage oder eines Antrags bei irgendeinem Gericht eintritt. Beim zuständigen Gericht kann sie auch durch Abgabe der Sache oder Verweisung durch das unzuständige Gericht eintreten (§§ 281 II 3, 696 I 4 ZPO). Zu unterscheiden von der ⇨ Rechtshängigkeit.

Annahme (als Erfüllung)
[§ 363]

Tatsächliche Entgegennahme einer vom Schuldner als Erfüllung angebotenen Leistung, wenn das Verhalten des Gläubigers erkennen lässt, dass er sie als im Wesentlichen ordnungsgemäß gelten lassen will.

Annahme (der Erbschaft) [§ 1943]

Formlose, nicht empfangsbedürftige ⇨ Willenserklärung, Erbe sein und die Erbschaft behalten zu wollen.

Annahme (eines Angebotes) [§§ 147 ff.] ★

⇨ Willenserklärung, mit der das vorbehaltlose Einverständnis zu einem ⇨ Angebot auf Abschluss eines Vertrags erklärt wird und die damit zum Zustandekommen des Vertrags führt, wenn sie in den zeitlichen Grenzen der §§ 147 bis 149 rechtzeitig erklärt wird.

Annahme, verspätete oder verändernde [§ 150]

Antwort auf ein ⇨ Angebot, die zu spät erfolgt oder nicht mit dem Angebot korrespondiert. Gilt nicht als ⇨ Annahme, sondern als neues Angebot.

Annahmeverzug [§§ 293 ff.] ★

Nichtannahme der vom Schuldner ordnungsgemäß, d.h. zur richtigen Zeit, am richtigen Ort, in der richtigen Weise angebotenen, noch möglichen Leistung durch den Gläubiger. In der Regel ist ein ⇨ tatsächliches Angebot erforderlich; ausnahmsweise genügt ein ⇨ wörtliches Angebot oder das Angebot ist gänzlich entbehrlich.

Anscheinsvollmacht ★

⇨ Vollmacht, die nicht durch Rechtsgeschäft, sondern durch den Rechtsschein einer Vollmachterteilung begründet wird. Voraussetzungen: Rechtsschein einer Vollmacht (i.d.R. durch wiederholtes Auftreten eines angeblichen Vertreters von gewisser Dauer, im

Namen des Geschäftsherrn), Zurechenbarkeit des Rechtsscheins sowie Gutgläubigkeit (und daher Schutzwürdigkeit) des Erklärungsgegners.

Anschlusspfändung
[§ 826 ZPO]

Pfändung einer Sache, die bereits beim gleichen Schuldner für eine andere Forderung gepfändet wurde.

Anspruch (im materiell-rechtlichen Sinn)
[§ 194 I]
★

Recht, von einem anderen ein Tun oder Unterlassen verlangen zu können.

Anspruch (im prozessualen Sinn)
[§ 253 Abs. 2 Nr. 2 ZPO]
★

Nach ganz h.M. (Lehre vom zweigliedrigen Streitgegenstand) das Anspruchsbegehren des Klägers aufgrund eines konkreten Sachverhaltes. Das Anspruchsbegehren kann auf einem oder mehreren ⇨Ansprüchen im materiell-rechtlichen Sinne fußen.

Anspruchsgrundlage

Rechtsgeschäftliche oder gesetzliche Grundlage eines ⇨ Anspruchs im materiell-rechtlichen Sinn.

Anspruchskonkurrenz

Ein Lebenssachverhalt führt zu mehreren materiell-rechtlichen Ansprüchen aus mehreren Anspruchsgrundlagen.

Anstiftung
[§ 830 II]

Vorsätzliches Hervorrufen des Tatentschlusses zu einer vorsätzlichen unerlaubten Handlung in einem anderen (vgl. § 26 StGB).

Antezipierte (auch: antizipierte) Übereignung
[§§ 929 ff.]

⇨ Übereignung einer beweglichen Sache, bei welcher die nach § 929 S. 1 erforderliche Einigung zeitlich weit vor der nach § 929 S. 1 erforderlichen Übergabe bzw. den Übergabesurrogaten der §§ 929 S. 2, 930, 931 getroffen wird.

Antrag

Bezeichnung des Gesetzes für das häufiger verwendete Synonym ⇨ Angebot.

Anwartschaft

Rein tatsächliche (und nicht rechtliche) Aussicht auf einen künftigen Rechtserwerb.

Anwartschaftsrecht
★

Rechtlich gesicherte Vorstufe zum Erwerb eines (Voll-) Rechts. Entsteht, wenn vom mehraktigen Entstehungstatbestand eines Rechts schon so viele Erfordernisse erfüllt sind, dass die Rechtsposition des Erwerbers nicht einseitig vom Veräußerer zerstört werden kann. Beispiel: Übereignung einer beweglichen Sache unter der ⇨ aufschiebenden Bedingung (§ 158 I) späterer Kaufpreiszahlung (⇨ Eigentumsvorbehalt), vgl. § 162 I.

Äquivalenz ★

Ein Tun ist für einen tatbestandsmäßigen Erfolg äquivalent-kausal, wenn es nicht hinweggedacht werden kann, ohne dass der Erfolg entfiele (die Handlung ist conditio sine qua non für den Erfolg). Alle Handlungen, die zum Erfolg geführt haben, sind dabei gleichwertig (äquivalent). Ein Unterlassen darf nicht hinzugedacht werden, ohne dass der tatbestandsmäßige Erfolg mit an Sicherheit grenzender Wahrscheinlichkeit nicht eingetreten wäre.

Äquivalenzinteresse

Interesse einer Vertragspartei an der Erbringung der vertraglich geschuldeten Leistung durch den Vertragspartner und an deren Gleichwertigkeit mit der Gegenleistung. Muss beim Anspruch auf ⇨ Schadensersatz statt der Leistung kompensiert werden. Es wird nach der ⇨ Surrogations- oder nach der ⇨ Differenzmethode berechnet.

Arbeitnehmer
[§§ 611–630]

Aufgrund eines privatrechtlichen Dienstvertrags zur unselbstständigen Erbringung von Dienstleistungen Verpflichteter.

Arbeitsverhältnis

Rechtsverhältnis, durch das die Verpflichtung zur Erbringung unselbstständiger Arbeitsleistungen gegen Entgelt entsteht.

Zum 01.01.2018 kodifizierter ⇨ Vertrag, der den ⇨ Unternehmer (i.S.v. § 631) verpflichtet, die ⇨ Leistungen i.S.d. Schuldrechts zu erbringen, die nach dem jeweiligen Stand der Planung und Ausführung des Bauwerks oder der Außenanlage erforderlich sind, um die zwischen den Parteien vereinbarten Planungs- und Überwachungsziele zu erreichen. Ähnlich wie ein ⇨ Werkvertrag ausgestaltet, daher sind die Vorschriften für diesen sowie bestimmte Vorschriften des ⇨ Bauvertrags subsidiär anzuwenden.

Architekten- und Ingenieurvertrag
[§§ 650 p ff.]

Synonym für ⇨ unzulässige Rechtsausübung

Arglisteinrede

Vorsätzliche Erweckung, Verstärkung oder Aufrechterhaltung eines Irrtums durch Tun oder Unterlassen trotz Aufklärungspflicht. Bedingter Vorsatz und sogar „Angaben ins Blaue hinein" reichen aus (siehe auch ⇨ Dritter).

Arglistige Täuschung
[§ 123 I Var. 1]

Synonym bzw. Oberbegriff für ⇨ argumentum a maiore ad minus und ⇨ argumentum a minore ad maius

argumentum a fortiori

(lat.) „vom Größeren auf das Kleinere": Eine Rechtsfolge für einen bestimmten Tatbestand muss „erst recht" für einen vergleichbaren

argumentum a maiore ad minus
★

Tatbestand gelten, auf den der Gesetzeszweck in noch stärkerem Maße zutrifft.

---

argumentum a minore ad maius ★

(lat.) „vom Kleineren auf das Größere": Ein tatbestandliches Verbot muss „erst recht" für einen vergleichbaren Tatbestand gelten, der dem Zweck des Verbots noch stärker zuwiderläuft.

---

argumentum e contrario ★

(lat.) „Umkehr-Gegenschluss-Argument": Gegenschluss von der Regelung eines gesetzlich geregelten Falles auf die entgegengesetzte Rechtsfolge des ungeregelten Falles.

Atypischer Vertrag [§ 311 I]

Schuldrechtlicher ⇨ Vertrag, der wegen seiner individuellen Prägung weder im Schuldrecht BT normiert ist noch einem ungeschriebenen verkehrstypischen Vertrag zugeordnet werden kann.

Aufgebot [§ 1970]

Öffentliche gerichtliche Aufforderung zur Anmeldung von Rechten. Bei unterbliebener fristgerechter Anmeldung kann ein Rechtsnachteil entstehen. Beispiel: Aufforderung an die Nachlassgläubiger, ihre Forderungen gegen den Nachlass anzumelden.

Aufgedrängte Bereicherung

Ohne Zustimmung und gegen das Interesse des objektiv Begünstigten eingetretene ⇨ Bereicherung. Erfolgt die Bereicherung durch ⇨ Leistung und weiß der Leistende, dass er hierzu nicht verpflichtet war, entfällt sein Anspruch aus § 812, vgl. § 814.

Auflage
[§ 1940]

Vom Erblasser angeordnete Leistungsverpflichtung des Erben oder Vermächtnisnehmers.

Auflassung
[§ 925]
★

Einigung des Veräußerers und des Erwerbers über die Übertragung des Eigentums an einem Grundstück, die bei gleichzeitiger Anwesenheit der Parteien vor einem Notar erklärt werden muss (§ 925 I) und bedingungsfeindlich ist (§ 925 II).

Auflösende Bedingung
[§ 158 II]

Ein Rechtsgeschäft wird unmittelbar nach seiner Vornahme wirksam, endet aber mit dem Eintritt eines ungewissen Ereignisses.

Aufrechnung
[§§ 387 ff.]

Gestaltungsgeschäft, bei dem mit einer eigenen Forderung (Aktivforderung/Hauptforderung) die Forderung eines Aufrechnungsgegners (Passivforderung/Gegenforderung) erfüllt und zugleich die eigene Forderung im Wege der Selbsthilfe unmittelbar durchgesetzt wird. Voraussetzungen: Bestehen einer ⇨ Aufrechnungslage, kein Aufrechnungsverbot und ⇨ Aufrechnungserklärung.

Aufrechnungserklärung [§ 388]	Bedingungs- und befristungsfeindliche Gestaltungserklärung, durch die die ⇨ Aufrechnung ausgelöst wird. Sie ist eine einseitige, empfangsbedürftige ⇨ Willenserklärung.
Aufrechnungslage [§ 387]	Gegenseitigkeit von Forderungen, die auf gleichartige Leistungen gerichtet sind. Dabei muss die Forderung des Aufrechnenden bestehen, fällig und einredefrei sein, während die Forderung des Aufrechnungsgegners nur erfüllbar sein muss. ⇨ Fälligkeit und ⇨ Erfüllbarkeit bestehen im Zweifel sofort, vgl. § 271.
Aufschiebende Bedingung [§ 158 I]	Die Rechtsfolgen eines Rechtsgeschäfts treten erst mit dem Eintritt eines zukünftigen ungewissen Ereignisses ex nunc ein.
Auftrag [§§ 662 ff.]	Schuldrechtlicher Vertrag, durch den sich der Beauftragte verpflichtet, ein ihm vom Auftraggeber übertragenes Geschäft in dessen Interesse unentgeltlich zu besorgen.
Aufwendung [§ 670] ★	Freiwillige Aufopferung von Vermögenswerten im Interesse eines anderen zur Erreichung eines bestimmten Zwecks. Zu unterscheiden von ⇨ frustrierten Aufwendungen und vom ⇨ Schaden.

Der Verwender muss den in seinen Allgemeinen Geschäftsbedingungen enthaltenen Kerngehalt inhaltlich ernsthaft zur Disposition stellen und der Verhandlungspartner muss die reale Möglichkeit erhalten, die inhaltliche Ausgestaltung der Vertragsbedingungen beeinflussen zu können.

Aushandeln [§ 305 I 3]

Auslegung

Interpretation von Gesetzen, unbestimmten Rechtsbegriffen, Willenserklärungen und Verträgen, vgl. z.B. §§ 133, 157.

Auslegungsmethoden ★

⇨ Grammatische Auslegung, ⇨ systematische Auslegung, ⇨ historische Auslegung, ⇨ teleologische Auslegung, ⇨ verfassungskonforme Auslegung, ⇨ ergänzende Auslegung, ⇨ richtlinienkonforme Auslegung

---

Auslegungsregeln

Vorschriften, nach denen ein bestimmtes Auslegungsergebnis im Zweifel zutrifft (§§ 311 c, 329, 364 II, 2304). Im Unterschied zur ⇨ Fiktion kann eine Auslegung aber auch zu einem von der Regel abweichenden Ergebnis gelangen.

Auslobung [§§ 657 ff.]

Einseitiges Rechtsgeschäft, bei dem durch öffentliche Bekanntmachung eine Belohnung für die Vornahme einer ⇨ Handlung, insbesondere für die Herbeiführung eines Erfolges, ausgesetzt wird. Mit Vornahme der Handlung entsteht ein Schuldverhältnis.

Ausschlagung
[§§ 1942 ff.]

Rückwirkende Beseitigung der Erbenstellung durch form- und fristgemäße Erklärung des Erben gegenüber dem Nachlassgericht.

Ausschluss der freien Willensbestimmung
[§ 104 Nr. 2]

Dauerhafte Unfähigkeit, seine Entscheidung von vernünftigen Erwägungen abhängig zu machen. Bloße Willensschwäche oder leichte Beeinflussbarkeit genügen ebenso wenig, wie das Unvermögen, die Tragweite der Erklärung zu erfassen.

Aussonderung
[§ 47 S. 1 InsO]

Tatsächliche Ausgliederung eines Gegenstandes aus der Insolvenzmasse aufgrund eines dinglichen oder persönlichen Rechts, sodass dieser Gegenstand nicht zur Insolvenzmasse gehört. Zu unterscheiden von der ⇨ Absonderung.

Außenvollmacht

Siehe ⇨ Vollmacht (Erteilung)

Außerhalb von Geschäftsräumen geschlossener Vertrag
[§ 312 b]

Vertrag zwischen einem ⇨ Unternehmer und einem ⇨ Verbraucher, der außerhalb der Geschäftsräume des Unternehmers oder aber zwar in diesen, aber nach vorheriger gezielter Ansprache des Verbrauchers außerhalb der Räume geschlossen wurden. Erfasst sind auch Vertragsschlüsse auf Ausflügen (Kaffee- und Butterfahrten). Alle Fälle haben gemeinsam, dass der Verbraucher überrumpelt wird und daher nicht mit einem Vertragsschluss rechnet.

Basiszinssatz
[§ 247]

Variabler gesetzlicher Zinssatz, der sich zweimal jährlich (am 01.01. und am 01.07.) verändert. Der Basiszinssatz ist Berechnungsgrundlage u.a. für Verzugszinsen, vgl. § 288 I u. II.

Bauträgervertrag
[§§ 650 u ff.]

Zum 01.01.2018 kodifizierter ⇨ Vertrag, der die Errichtung oder den Umbau eines Hauses oder eines vergleichbaren Bauwerks zum Gegenstand hat und der zugleich die Verpflichtung des Unternehmers (i.S.v. § 631) enthält, dem ⇨ Besteller das ⇨ Eigentum an dem ⇨ Grundstück zu übertragen oder ein ⇨ Erbbaurecht zu bestellen oder zu übertragen. Hinsichtlich der Errichtung und des Umbaus finden ergänzend die meisten Vorschriften des ⇨ Werkvertrags, des ⇨ Bauvertrags und des ⇨ Verbraucherbauvertrags Anwendung. Hinsichtlich des Anspruchs auf Übertragung des Eigentums bzw. des Erbbaurechts finden nur die Vorschriften über den ⇨ Kaufvertrag Anwendung.

Bauvertrag
[§§ 650 a ff.]

Zum 01.01.2018 kodifizierter ⇨ Vertrag über die Herstellung, die Wiederherstellung, die Beseitigung oder den Umbau eines Bauwerks, einer Außenanlage oder eines Teils davon. Unterfall des ⇨ Werkvertrags, es gelten daher neben §§ 650 a ff. subsidiär die §§ 631 ff.

Bedingung
[§ 158]

Bestimmung, die die Rechtswirkungen eines Rechtsgeschäftes von einem zukünftigen, objektiv ungewissen Ereignis abhängig macht. Unterscheide ⇨ auflösende und ⇨ aufschiebende Bedingungen. Nicht wirksam mit einer Bedingung versehen werden können ⇨ bedingungsfeindliche Rechtsgeschäfte.

Bedingungsfeindliches Rechtsgeschäft

Rechtsgeschäft, das zur Vermeidung einer Unsicherheit über die zukünftige Rechtslage nicht wirksam mit einer ⇨ Bedingung versehen werden kann. Bedingungsfeindlich sind neben vielen familien- und erbrechtlichen Statusgeschäften insbesondere die ⇨ Auflassung (§ 925 II), die ⇨ Aufrechnung (§ 388 S. 2) und die Ausübung anderer ⇨ Gestaltungsrechte (z.B. Kündigung).

Befristung
[§ 163]

Bestimmung, die die Rechtswirkung eines Rechtsgeschäftes von einem zukünftigen gewissen Ereignis abhängig macht. Abzugrenzen von der ⇨ Bedingung.

Behandlungsvertrag
[§§ 630 a ff.]

Unterfall des Dienstvertrags, bei dem der Behandelnde eine (selbst- oder fremddurchgeführte) Behandlung und der Patient eine Vergütung verspricht.

Behaupten
[§ 824]

Behaupten ist die Mitteilung einer Tatsache als Gegenstand eigenen Wissens oder eigener Überzeugung.

Berechnungsirrtum

Siehe ⇨ Kalkulationsirrtum

Berechtigte Geschäftsführung ohne Auftrag (GoA)
[§§ 670, 677, 683 ff.]
★

Berechtigt ist eine ⇨ Geschäftsführung ohne Auftrag, wenn deren Übernahme dem objektiv zu ermittelnden Interesse und dem subjektiv zu bestimmenden wirklichen oder mutmaßlichen Willen des Geschäftsherrn entspricht oder wenn der Geschäftsherr die Geschäftsführung nachträglich genehmigt. Ein entgegenstehender Wille kann insbesondere aus Gründen des öffentlichen Interesses unbeachtlich sein (§ 679).

Berechtigung (zu einer Verfügung)
[insbes. § 398, §§ 932 ff., §§ 892 ff.]
★

Berechtigt zur Vornahme einer ⇨ Verfügung ist der verfügungsbefugte (⇨ Verfügungsbefugnis) Inhaber des von der Verfügung betroffenen Rechts sowie der gesetzlich oder kraft Einwilligung (nach § 185 I) ermächtigte Nichtinhaber des Rechts.

Bereicherung
[§§ 812 ff.]

Bereicherung ist das unmittelbar durch eine Vermögensverschiebung ⇨ erlangte Etwas.

Bereicherungseinrede
[§ 821]

Ist der Schuldner eine Verbindlichkeit ohne rechtlichen Grund eingegangen, kann er einredeweise Befreiung von der Verbindlichkeit verlangen und ihre ⇨ Erfüllung verweigern.

Berliner Testament
[§ 2269]
★

Besondere Form des ⇨ gemeinschaftlichen Testaments, bei dem sich die Ehegatten oder Lebenspartner gegenseitig zu ⇨ Erben einsetzen und gleichzeitig einen Dritten zum Erben des Längstlebenden bestimmen. Beim Berliner Testament ist zwischen zwei Gestaltungsmöglichkeiten zu unterscheiden: Dem ⇨ Einheitsprinzip und dem ⇨ Trennungsprinzip. Ob das Trennungs- oder Einheitsprinzip von den Ehegatten bzw. Lebenspartnern gewollt wurde, ist durch ⇨ Auslegung zu ermitteln. Nach der ⇨ Auslegungsregel des § 2269 I gilt im Zweifel das Einheitsprinzip.

Beschaffenheit
[§ 434]
★

Alle der Kaufsache unmittelbar physisch anhaftenden Merkmale sowie ihre Eigenschaften, d.h. alle gegenwärtigen rechtlichen, sozialen und wirtschaftlichen Beziehungen der Sache zur Umwelt von gewisser Dauer. Es ist str., ob jede Beziehung genügt oder ob die Beziehung ihren Ursprung gerade in der Sache haben muss.

Beschaffenheitsgarantie
[§ 443 I]

Übernahme einer ⇨ Garantie dafür, dass ein Gegenstand im Zeitpunkt des Gefahrübergangs eine bestimmte Beschaffenheit aufweist. Der Garantiegeber muss verschuldensunabhängig für alle Folgen des Fehlens der garantierten Beschaffenheit einstehen wollen. Im Zweifel wird der Verkäufer nur eine ⇨ Haltbarkeitsgarantie übernehmen wollen. § 443 I definiert die Beschaffenheitsgarantie legal als „Garantie".

Beschränkt dingliche Rechte
★

Nach dem Gesetz vom Eigentum abspaltbare Nutzungs-, Sicherungs- und Verwertungs- sowie Erwerbsrechte. Nutzungsrechte sind der ⇨ Nießbrauch, die ⇨ Grunddienstbarkeit und die ⇨ beschränkt persönliche Dienstbarkeit. Sicherungs- und Verwertungsrechte sind die ⇨ Grundpfandrechte (⇨ Hypothek, ⇨ Grundschuld, Rentenschuld, ⇨ Reallast) sowie das ⇨ Pfandrecht an beweglichen Sachen. Einziges Erwerbsrecht des BGB ist das dingliche ⇨ Vorkaufsrecht.

Beschränkt persönliche Dienstbarkeit
[§§ 1090 ff.]

Ihr Inhaber darf das Grundstück in einzelnen Beziehungen nutzen oder hat an ihm eine sonstige Befugnis, die Inhalt einer ⇨ Grunddienstbarkeit sein kann. Während die Grunddienstbarkeit dem jeweiligen Eigentümer des herrschenden Grundstücks zusteht, wird die beschränkt persönliche Dienstbarkeit von einem bestimmten Rechtssubjekt innegehabt.

Beschränkte Geschäftsfähigkeit
[§§ 2, 106 ff.]
★

Geschäftsfähigkeit von Personen, die zwar das 7. Lebensjahr vollendet haben, aber noch nicht das 18. Lebensjahr.

Besitz
[§§ 854 ff.]
★

Tatsächliche Herrschaft einer Person über eine Sache, getragen von einem Herrschaftswillen. Grundsätzlich setzt Besitz die Erlangung der tatsächlichen Gewalt über die Sache voraus (§ 854 I). Ausnahmen: ⇨ Besitzerwerb „kurzer Hand", § 854 II; Besitzerwerb durch ⇨ Besitzdiener, § 855; ⇨ Erbschaftsbesitz, § 857

Besitzdiener
[§ 855]
★

Derjenige, der zwar die tatsächliche Gewalt über eine Sache ausübt, dies aber in einem sozialen Abhängigkeitsverhältnis, in dem er den Weisungen eines anderen Folge zu leisten hat. ⇨ Besitz hat nur der Weisungsbefugte, sog. Besitzherr.

Besitzerwerb „kurzer Hand"
[§ 854 II]

Besitzerwerb durch bloße Einigung mit dem bisherigen Besitzer, wenn der Erwerber in der Lage ist, den Besitz über die Sache auszuüben (Bsp.: geschlagenes Holz liegt im Wald zur Abholung bereit).

Besitzkehr
[§ 859 II u. III]

Selbsthilfemöglichkeit eines früheren Besitzers, sich zeitnah nach Besitzentziehung aufgrund ⇨ verbotener Eigenmacht den Besitz wieder zu verschaffen.

Besitzkonstitut
★

Synonym für ⇨ Besitzmittlungsverhältnis

Besitzmittler

Siehe ⇨ mittelbarer Besitz

Besitzmittlungs-verhältnis
[§ 868]
★

Rechtsverhältnis zwischen dem ⇨ unmittelbaren Besitzer und dem ⇨ mittelbaren Besitzer, durch welches der unmittelbare Besitzer auf Zeit zum Besitz berechtigt oder verpflichtet ist. „Ähnliche Verhältnisse" sind solche, aus denen sich ein (vermeintlicher) Herausgabeanspruch gegenüber dem unmittelbaren Besitzer ergibt (auch eine ⇨ Sicherungsabrede).

Besitzrecht
[§ 986 I]

⇨ Recht zum Besitz

Besitzschutz

Schutz des ⇨ Besitzes durch verschiedene Rechtsnormen, die entweder den Besitz als solchen oder eine bessere Besitzberechtigung schützen. Zum Besitzschutz zählen: ⇨ Besitzwehr gem. § 859 I; ⇨ Besitzkehr gem. § 859 II u. III; ⇨ possessorische Besitzschutzansprüche der §§ 861, 862; ⇨ petitorische Besitzschutzansprüche des § 1007. Der Besitz ist zudem ⇨ erlangtes Etwas i.S.v. § 812 und der rechtmäßige Besitz ist nach h.M. ⇨ sonstiges Recht i.S.d. § 823 I.

Besitzstörung
[§ 858 I]

Beeinträchtigung der tatsächlichen Sachherrschaft des Besitzers durch ⇨ verbotene Eigenmacht, die nicht in einer Besitzentziehung besteht.

Besitzwehr
[§ 859 I]

Recht des Besitzers, sich aktueller ⇨ verbotener Eigenmacht mit der erforderlichen Gewalt zu erwehren.

Bestätigung
[§§ 141, 144]

Rechtsgeschäft, dessen Inhalt das Festhalten an einem anderen, nichtigen oder anfechtbaren Rechtsgeschäft ist.

Besteller
[§§ 631 ff.]

Vertragspartner des Unternehmers bei einem ⇨ Werkvertrag.

Sachenrechtlicher Grundsatz, nach dem allein unter Zugrundelegung der sachenrechtlichen Einigung bestimmt (und nicht nur bestimmbar) sein muss, auf welche exakten Sachen sich eine Verfügung bezieht. Jeder, der die Vereinbarung kennt, muss in der Lage sein, die betroffenen Sachen zu benennen.

Bestimmtheitsgrundsatz
★

Ort, an den beim ⇨ Versendungskauf versendet wird.

Bestimmungsort
[§§ 269, 447]

Staatliche Rechtsfürsorge für volljährige Personen, die aufgrund einer psychischen Krankheit oder körperlicher oder seelischer Gebrechen ihre Angelegenheiten selbst nicht umfassend wahrnehmen können. Der Betreuer vertritt gem. § 1902 in seinem Aufgabenbereich den Betreuten gerichtlich und außergerichtlich.

Betreuung
[§§ 1896–1908 k]

Unterfall des nachehelichen Ehegattenunterhalts, der nach ⇨ Scheidung dem Ehegatten gewährt wird, der sich um die Betreuung gemeinschaftlicher Kinder kümmert und sich infolgedessen nicht selbst unterhalten kann.

Betreuungsunterhalt
[§ 1570]

Organisatorische Einheit, innerhalb derer ein Arbeitgeber allein oder zusammen mit seinen Arbeitnehmern mithilfe materieller

Betrieb
[§ 613 a]

und immaterieller Mittel bestimmte arbeitstechnische Zwecke fortgesetzt verfolgt.

Betrieb eines Kfz [§§ 7, 18 StVG] ★	Bewegung eines Fahrzeugs im öffentlichen Verkehr oder Ruhen eines Fahrzeugs in verkehrsbeeinflussender Weise.
Betriebsausfallschaden	Schaden, der durch einen mangelbedingten Betriebsausfall entsteht.
Beurkundung (notarielle) [§ 128]	⇨ Form eines Rechtsgeschäfts, bei der die vollständige Urkunde von der Urkundsperson (Notar) errichtet wird. Anders als bei der ⇨ öffentlichen Beglaubigung wird nicht nur ein Identitätsnachweis, sondern Beweis für den gesamten Beurkundungsvorgang erbracht. Vorgeschrieben ist sie u.a. für den Grundstückskaufvertrag (§ 311 b I).
Bewegliche Sachen [§§ 90 ff.]	Alle körperlichen Gegenstände, die einer Ortsveränderung zugänglich und nicht unselbstständiger Teil eines Grundstücks sind. Tiere sind keine (beweglichen) Sachen, auf sie werden die Vorschriften über Sachen aber grundsätzlich entsprechend angewendet, § 90 a S. 1 u. 3. Auch ⇨ Scheinbestandteile eines Grundstücks

(§ 95) sind bewegliche Sachen, selbst wenn sie tatsächlich unbeweglich sind.

Bewirkung der Leistung

Eintritt des Leistungserfolges, der von der bloßen Vornahme der Leistungshandlung abzugrenzen ist. Insbesondere bei einer ⇨ Schickschuld führt alleine die Übergabe der geschuldeten Sache an eine Transportperson nicht zur Erfüllung; dazu ist vielmehr Aushändigung der Sache durch die Transportperson an den Empfänger am ⇨ Erfolgsort erforderlich.

Bewirkungshandlung

Siehe ⇨ Prozesshandlung

Bewusste Selbstgefährdung

Gefahrenlage, in die sich jemand begibt, obwohl er die besonderen Umstände kennt, aus denen sich die drohende Eigengefährdung ergibt. Bei Schadensersatzansprüchen im Rahmen des ⇨ Mitverschuldens zu berücksichtigen.

Bewusstlosigkeit
[§ 105 II)

Weitgehende Bewusstseinstrübung (z.B. durch Fieber, Erschöpfung, Trunkenheit, Drogenkonsum), die verhindert, dass der Erklärende Inhalt und Bedeutung seiner Erklärung erfasst. Bei Bewusstlosigkeit im medizinischen Sinne liegt mangels ⇨ Handlungswillens überhaupt keine Willenserklärung vor.

Bezugsvertrag

Synonym für ⇨ Dauerlieferungsvertrag

Billigung
[§ 454]

Erklärung des Käufers bei einem Kauf auf Probe, den besichtigten oder probeweise überlassenen Kaufgegenstand tatsächlich erwerben zu wollen.

Billigungsfrist
[§ 455]

Maßgebliche Frist zur ⇨ Billigung des Kaufgegenstandes beim Kauf auf Probe. Ist keine Frist vereinbart worden, so kann der Verkäufer dem Käufer eine angemessene Frist setzen.

Bösgläubiger Besitzer
[§ 990 I]

Bösgläubig ist derjenige ⇨ Besitzer, der den Mangel seines Besitzrechts (⇨ Recht zum Besitz) beim Erwerb des Besitzes kennt oder infolge grober Fahrlässigkeit nicht kennt. War der Besitzer beim Erwerb des Besitzes gutgläubig, so wird er später nur dann bösgläubig, wenn er positive Kenntnis von seinem mangelnden Besitzrecht erhält.

Bösgläubigkeit
★

Gegensatz zur ⇨ Gutgläubigkeit

Bote
[§§ 164 ff. analog]
★

Überbringer (⇨ Erklärungsbote) bzw. Empfänger (⇨ Empfangsbote) einer fremden ⇨ Willenserklärung. Abzugrenzen anhand des äußeren Erscheinungsbildes vom ⇨ Vertreter.

Briefgrundschuld

⇨ Grundschuld, über die vom Grundbuchamt ein Grundschuldbrief erteilt wird, vgl. §§ 1116 I, 1192 I. Nach Einigung und Eintragung (§ 873), steht sie zunächst dem Eigentümer als ⇨ Eigentümergrundschuld zu (§§ 1191, 1192, 1163 II). Erst durch die ⇨ Übergabe des Grundschuldbriefes an den Sicherungsnehmer erwirbt dieser die Grundschuld.

Briefhypothek

⇨ Hypothek, über die vom Grundbuchamt ein Hypothekenbrief erteilt wird, vgl. § 1116 I. Nach Einigung und Eintragung (§ 873), steht sie zunächst dem Eigentümer als ⇨ Eigentümerhypothek zu (§ 1163 II) zu. Erst durch die ⇨ Übergabe des Hypothekenbriefes an den Sicherungsnehmer erwirbt dieser die Hypothek. Vgl. auch ⇨ Hypothekenbrief.

Bringschuld
★

⇨ Leistungs- und ⇨ Erfolgsort liegen beide beim Gläubiger.

Bruchteilsgemeinschaft [§§ 741 ff.]

Berechtigung mehrerer Beteiligter an einem ⇨ Gegenstand zur freien Verfügung. Es besteht ein quotenmäßig bestimmter ideeller Anteil an dem einzelnen Gegenstand, wobei die Teilhaber über den Gegenstand im Ganzen nur gemeinschaftlich verfügen können (§ 747).

Buchersitzung [§ 900]

Gesetzlicher Eigentumserwerb an einem Grundstück durch 30-jährige Eintragung als Eigentümer und gleichzeitigen 30-jährigen ⇨ Eigenbesitz.

Buchgrundschuld [§§ 1192, 1116 II 1]

⇨ Grundschuld, bei der die Erteilung des Grundschuldbriefes durch Einigung zwischen dem Gläubiger und dem Grundstückseigentümer ausgeschlossen ist und diese Einigung in das Grundbuch eingetragen wird.

Buchhypothek [§ 1116 II 1]

Hypothek, bei der die Erteilung des Hypothekenbriefes durch Einigung zwischen dem Gläubiger und dem Grundstückseigentümer ausgeschlossen ist und diese Einigung in das Grundbuch eingetragen wird.

Bürgerliches Gesetzbuch (BGB)

Am 01.07.1896 vom Deutschen Reichstag beschlossenes, am 24.08.1896 verkündetes und zum 01.01.1900 in Kraft getretenes und bis heute geltendes Gesetzbuch, in dem das Zivilrecht einheitlich kodifiziert ist.

Bürgschaft
[§§ 765 ff.]

Vertrag, durch den sich der Bürge gegenüber dem Gläubiger verpflichtet, für die Erfüllung der Verbindlichkeit eines Dritten (Hauptschuldner) einzustehen. Die Bürgschaft ist akzessorisch (⇨ Akzessorietät).

---

causa

(lat.) „Ursache, Grund", z.B. für eine Leistung i.S.d. § 812.

---

cessio legis
[§ 412]
★

Übergang einer Forderung kraft Gesetzes, z.B. nach § 426 II. Keine ⇨ Verfügung, da kein Rechtsgeschäft. Gemäß § 412 finden die §§ 399 bis 404, 406 bis 410 entsprechende Anwendung.

---

clausula rebus sic stantibus

(lat.) „Vertragsbestimmung der unveränderten Umstände": Gedanke, der der ⇨ Störung der Geschäftsgrundlage zugrunde liegt.

---

condictio causa data, causa non secuta
[§ 812 I 2 Var. 2]

(lat.) „Kondiktion des gegebenen, aber nicht nachgefolgten Grundes": Fall der ⇨ Leistungskondiktion, bei welchem der mit der Leistung nach dem Inhalt des Rechtsgeschäfts bezweckte Erfolg nicht eintritt. Der Leistungszweck muss ein anderer als die Erfüllung einer (vermeintlichen) Verbindlichkeit (sonst Fall des § 812 I 1 Var. 1

bzw. § 812 I 2 Var. 1 und zugleich Gegenstand einer Verständigung der Parteien sein.

condictio indebiti condictio sine causa [§ 812 I 1 Var. 1]
(lat.) „Kondiktion des Nichtgeschuldeten": Grundtatbestand und wichtigster Fall der ⇨ Leistungskondiktion, der der Rückabwicklung von Leistungen auf eine tatsächlich nicht bestehende Schuld dient.

condictio ob causam finitam [§ 812 I 2 Var. 1]
(lat.) „Kondiktion wegen des beendeten Grundes": Fall der ⇨ Leistungskondiktion, bei welchem ein anfänglich bestehender Rechtsgrund nachträglich weggefallen ist.

condictio ob rem [§ 812 I 2 Var. 2]
Andere Bezeichnung für die ⇨ condictio causa data, causa non secuta.

condictio ob turpem vel iniustam causam [§ 817 S. 1]
(lat.) „Kondiktion wegen schändlichen oder ungerechten Grundes": Fall der ⇨ Leistungskondiktion, die gewährt wird, weil der Empfänger durch die Annahme der Leistung gegen ein gesetzliches Verbot oder die guten Sitten verstoßen hat.

condictio sine causa
Synonym für die ⇨condictio indebiti

conditio iuris

Synonym für ⇨ Rechtsbedingung

---

conditio sine qua non
★

(lat.) „Bedingung, ohne die nicht …“: Formel zur Bestimmung der Kausalität im Rahmen der ⇨ Äquivalenztheorie.

---

corpus iuris civilis

Abschließende Kodifikation des Römischen Rechts aus dem 6. Jahrhundert (528–533 n. Chr.), die vom oströmischen Kaiser Justinian (527–565 n. Chr.) veranlasst wurde.

---

culpa in contrahendo
[§§ 280 I, 311 II, 241 II]
★

Abk.: c.i.c. / (lat.) „Verschulden bei Vertragsverhandlungen“: Verletzung einer Schutzpflicht aus einem durch die Aufnahme von Vertragsverhandlungen, die Vertragsanbahnung oder ähnliche geschäftliche Kontakte begründeten gesetzlichen Schuldverhältnis (⇨ schuldrechtliche Sonderverbindung). Rechtsfolge: Schadensersatz wegen vorvertraglicher Pflichtverletzung

---

culpa post contractum finitum
[§ 280 I]

(lat.) „Verletzung nachvertraglicher Pflichten“: Schuldhafte Verletzung von Pflichten, die für die Zeit nach Beendigung eines Vertragsverhältnisses zwischen den Parteien fortbestehen. Rechtsfolge: Schadensersatz

---

Darlehensvertrag
[§§ 488 ff.]

Schuldrechtlicher Vertrag, durch welchen sich der Darlehensgeber verpflichtet, einen Geldbetrag in der vereinbarten Höhe zur Verfügung zu stellen und der Darlehensnehmer die Pflicht zur Rückerstattung des Darlehens sowie (optional) zur Zahlung eines vereinbarten Zinses übernimmt.

Dauerlieferungsvertrag

Vertrag über eine nicht im Voraus festgelegte Menge von Waren oder Leistungen, die erst durch Abruf des Gläubigers konkretisiert werden. Beispiele: Lieferungsverträge über Strom, Wasser, Gas und Getränkelieferungsvertrag im Gaststättengewerbe; abzugrenzen vom ⇨ Sukzessivlieferungsvertrag

---

Dauerschuldverhältnis
★

Schuldverhältnis, das nicht auf einen einmaligen Leistungsaustausch, sondern auf eine länger andauernde oder wiederholte Erbringung von Leistungen gerichtet ist (Beispiele: Darlehens-, Miet-, Pacht-, Dienst-, Arbeits- oder Gesellschaftsvertrag).

Dauervollstreckung
[§ 2209 S. 1 Hs. 1]

Form der Testamentsvollstreckung, bei der der ⇨ Testamentsvollstrecker auch nach Erfüllung seiner sonstigen Aufgaben die Verwaltung des ⇨ Nachlasses fortführen soll.

---

de facto

(lat.) „nach der tatsächlichen Sachlage“

---

de jure

(lat.) „nach der Rechtslage"

---

de lege ferenda

(lat.) „nach noch zu erlassendem Gesetz"

---

de lege lata

(lat.) „nach erlassenem Gesetz" (nach geltender Rechtslage)

Deklaratorisch ★

(lat.) „Rechtsbekundend" wird ein bereits eingetretener Rechtserfolg schriftlich oder in einem Register zu Beweis- und Publizitätszwecken fixiert. Gegenbegriff: ⇨ konstitutiv

---

Deklaratorisches Schuldanerkenntnis

Siehe ⇨ Schuldanerkenntnis

Deliktsfähigkeit (beschränkte) [§ 828 III] ★

Beschränkt deliktsfähig sind grundsätzlich Personen zwischen 7 und 18 Jahren. Sie haften nur dann für einen von ihnen verursachten Schaden, wenn sie bei Begehung der Pflichtverletzung die zur Erkenntnis der Verantwortlichkeit nötige Einsicht hatten.

Deliktsfähigkeit [§§ 827, 828] ★

Fähigkeit, für eine unerlaubte Handlung zu haften. Deliktsunfähig sind Personen, die das 7. Lebensjahr noch nicht vollendet haben; bei nicht vorsätzlich herbeigeführten Unfällen mit einem Kfz im fließenden Verkehr erst mit Vollendung des 10. Lebensjahres. Besteht ferner nicht bei Bewusstlosigkeit oder Ausschluss der freien Willensbestimmung, es sei denn, diese wurde selbst verschuldet.

Deliktsrecht [§§ 823 ff.]	Regelungen, die den Schadensausgleich zwischen zwei Personen (Schädiger und Geschädigtem) betreffen, die allein durch das Schadensereignis miteinander verbunden sind.
Deliktischer Besitzer [§ 992]	Besitzer ohne ⇨ Recht zum Besitz, der den Besitz durch Straftat oder durch eine schuldhafte ⇨ verbotene Eigenmacht erlangt hat.
Dereliktion [§ 959]	(lat.) „Zurücklassung“: Aufgabe des ⇨ Besitzes durch den Eigentümer einer beweglichen Sache in der Absicht der Eigentumsaufgabe. Es handelt sich um ein einseitiges Verfügungsgeschäft (⇨ Verfügung), sodass zudem ⇨ Geschäftsfähigkeit und ⇨ Berechtigung erforderlich sind.
Dienstbarkeit	Dingliche Belastung an einem Gegenstand (Grundstück, bewegliche Sache, Recht, Vermögen), welche auf ein Dulden der Benutzung oder Nutzungsziehung durch den Berechtigten oder ein eigenes Unterlassen gerichtet ist.

Differenzmethode
★

Berechnungsmethode für den ⇨ Schadensersatz statt der Leistung. An die Stelle der beiderseitig erloschenen Erfüllungsansprüche tritt eine zu errechnende einseitige Geldforderung des ersatzberechtigten Gläubigers in Höhe der Wertdifferenz zwischen dem Wert der Leistung und der Gegenleistung zuzüglich etwaiger Folgeschäden. Gegenteil ⇨ Surrogationsmethode

---

Differenztheorie/ Differenzhypothese
★

Übliche Berechnungsweise für die Höhe eines Schadensersatzanspruches. Der tatsächliche und der hypothetische Kausalverlauf, wie er ohne das Dazwischentreten der Schädigung voraussichtlich eingetreten wäre, werden verglichen. Die Differenz ist der Schaden. Dieser ist durch ⇨Restitution oder ⇨ Schadenskompensation zu ersetzen.

---

diligentia quam in suis
[§ 277]
★

(lat.) ⇨ „Sorgfalt in eigenen Angelegenheiten“: Eingeschränkter Haftungsmaßstab in gesetzlich besonders angeordneten Fällen, z.B. § 346 III Nr. 3. Die Haftung für eigenübliche Sorgfalt befreit nicht von der Haftung für Vorsatz und grobe Fahrlässigkeit.

Dingliche Surrogation

Fortsetzung der Rechte, die an einem Gegenstand bestanden haben, an einem anderen Gegenstand. Beispiele: §§ 1247 S. 2, 1258 III

Dinglicher Anspruch

Anspruch, der sich aus einem ⇨ dinglichen Recht ergibt, z.B. § 985 und das Eigentum. Anspruch und Recht sind untrennbar, insbesondere kann der Anspruch nicht nach § 398 abgetreten werden.

Dingliches Recht

Recht einer Person an einer Sache. Dingliche Rechte sind ⇨ absolute Rechte, d.h., sie wirken gegenüber jedermann.

Dissens
★

Antrag und Annahme bei Vertragsschluss korrespondieren nicht oder nicht vollständig miteinander. Zu unterscheiden sind ⇨ offener Dissens und ⇨ versteckter Dissens und ⇨ Totaldissens.

Dissimuliertes Geschäft

Siehe ⇨ Scheingeschäft

---

do ut des

(lat.) „Ich gebe, damit du gibst.“: Prinzip, das dem ⇨ Synallagma zugrunde liegt.

---

dolo agit, qui petit, quod statim redditurus est
[§ 242]
★

(lat.) „Arglistig handelt, wer verlangt, was sofort zurückgegeben werden muss.“: Fallgruppe eines Verstoßes gegen Treu und Glauben wegen unzulässiger Rechtsausübung (§ 242): Erforderlich ist ein Anspruch des Schuldners gegen den Gläubiger auf Herausgabe desselben Gegenstands. Rechtsfolge: Einrede des eigentlich zur Herausgabe Verpflichteten

---

Doppelmangel
[§§ 812 ff.]

Bereicherungsrechtliches Problem, das auftreten kann, wenn hintereinander geschaltete Leistungsbeziehungen jeweils ohne Rechtsgrund erfolgen. Nach h.M. erfolgt keine Direktkondiktion des Erstzuwendenden bei der letzten Person in der Kette, sondern es wird in den jeweiligen Leistungsbeziehungen rückabgewickelt.

Dreißigster
[§ 1969]

Gesetzliches ⇨ Vermächtnis für die Familienangehörigen des ⇨ Erblassers, die im Todeszeitpunkt dem Hausstand des Erblassers angehörten und von ihm Unterhalt bezogen haben; die h.M. zählt hierzu auch den nichtehelichen Lebenspartner. Inhalt ist ein schuldrechtlicher Anspruch auf Gewährung von Unterhalt während der ersten dreißig Tage nach dem Erbfall.

Dreißig-Tage-Regelung
[§ 286 III]

Eintritt des ⇨ Verzuges nach 30 Tagen auch ohne Mahnung unter der Voraussetzung, dass es sich um eine Entgeltforderung handelt, die Forderung fällig (⇨ Fälligkeit) ist und dem Schuldner eine Rechnung oder eine gleichwertige Zahlungsaufstellung zugegangen ist. Gegenüber einem ⇨ Verbraucher wirkt der Verzugseintritt ohne Mahnung nur dann, wenn er auf die Folgen in der Rechnung oder Zahlungsaufstellung besonders hingewiesen wurde.

Dritter
[§ 123 II 1]
★

Dritter i.S.d. § 123 II 1 ist nur der am Geschäft Unbeteiligte. Kein Dritter ist, wer aufseiten des Erklärungsempfängers steht und maßgeblich am Zustandekommen des Vertrags mitgewirkt hat, z.B. ⇨ Vertreter, ⇨ Verhandlungsgehilfen und ⇨ Erfüllungsgehilfen.

Drittschadensliquidation
★

Geltendmachung eines Schadensersatzanspruchs für einen Schaden, der nicht beim Anspruchsgläubiger selbst, sondern durch für den Schuldner zufällige Schadensverlagerung bei einem Dritten eingetreten ist. Eine Drittschadensliquidation ist in folgenden Fallgruppen anerkannt: ⇨ mittelbare Stellvertretung, obligatorische Gefahrentlastung (⇨ Versendungskauf), Obhutspflicht für fremde Sachen, Vereinbarung zwischen Gläubiger und Drittem über die Schadensverlagerung vor Eintritt des Schadens.

Drittwiderspruchsklage
[§ 771 ZPO]
★

Prozessuale Gestaltungsklage, bei der die vom Beklagten vollstreckungsrechtlich zulässige Vollstreckung in einen Gegenstand, an dem der Kläger ein die Veräußerung hinderndes Recht (⇨ Interventionsrecht) hat, für unzulässig erklärt wird.

---

dual use

Gebrauch zu zwei Zwecken, s. näher ⇨ Unternehmer.

Duldungsvollmacht ★

Vollmacht, die nicht durch Rechtsgeschäft, sondern (wie bei der ⇨ Anscheinsvollmacht) durch Rechtsschein begründet wird. Voraussetzungen: Mehrmaliges Auftreten eines Nichtbefugten als Vertreter für den Geschäftsherrn (objektiver Rechtsscheinstatbestand), Kenntnis dieses Auftretens durch den Geschäftsherrn und Untätigkeit, hiergegen trotz bestehender Möglichkeit einzuschreiten (Zurechenbarkeit des Rechtsscheins) und ein nach Treu und Glauben mit Rücksicht auf die Verkehrssitte schutzwürdiges Vertrauen des Geschäftsgegners.

Dürftigkeitseinrede [§ 1990]

Leistungsverweigerungsrecht des ⇨ Erben, wenn der ⇨ Nachlass zur Deckung der Kosten der ⇨ Nachlassverwaltung oder des Nachlassinsolvenzverfahrens nicht ausreicht.

EBV

Sehr gängige Abkürzung für ⇨ Eigentümer-Besitzer-Verhältnis

Ehe [§§ 1297 ff.]

Einstehungs- und Verantwortungsgemeinschaft zwischen Mann und Frau. Sie wird durch formlose Erklärung der Frau und des Mannes vor dem Standesbeamten, die Ehe eingehen zu wollen, geschlossen, vgl. § 1310 I 1. Siehe auch ⇨ Lebenspartnerschaft

---

Ehebedingte Zuwendung ★	Zuwendung eines Ehepartners an den anderen, die um der Ehe willen erfolgt und als Beitrag zur Verwirklichung und Ausgestaltung, Erhaltung oder Sicherung der ehelichen Gemeinschaft dient. Es handelt sich nicht um eine Schenkung i.S.d. §§ 516 ff.
Ehegattenerbrecht [§ 1931]	Gesetzliches Erbrecht des Ehegatten, bei dem dieser neben den ⇨ Verwandten erbt. Der Ehegatte in ⇨ der Zugewinngemeinschaft hat die Wahl wwischen der ⇨ erbrechtlichen Lösung und der ⇨ güterrechtlichen Lösung.
Ehegattentestament	Synonym für ⇨ gemeinschaftliches Testament
Ehename [§ 1355]	Der von den Ehegatten gemeinsam geführte ⇨ Familienname.
Ehevertrag [§§ 1408 ff.]	Vertrag zur Regelung der eherechtlichen Verhältnisse, insbesondere des ⇨ Güterstands.
Eigenbedarf [§ 573 II Nr. 2]	Ordentlicher Kündigungsgrund für die Kündigung vermieteten Wohnraums. Vermieter muss beabsichtigen, die Räume als Wohnung für sich, Familienangehörige oder Angehörige seines Haushalts zu nutzen.

Eigenbesitz
[§ 872]

Tatsächliche Gewalt über eine Sache mit dem Willen, sie wie eine ihm gehörende Sache zu beherrschen. Nicht erforderlich ist, dass sich dieser Wille auf Eigentum oder rechtmäßigen Erwerb stützt. Möglich als unmittelbarer oder mittelbarer Eigenbesitz. Gegenteil: ⇨ Fremdbesitz

---

Eigene Willenserklärung
[§ 164 I]

Erklärung des ⇨ Vertreters mit eigenem Entscheidungsspielraum bezüglich der Frage, ob und wie das Rechtsgeschäft abgeschlossen wird. Maßgeblich ist, wie der Handelnde aus der Empfängersicht tatsächlich aufgetreten ist. Überbringt der Auftretende nur eine fremde Willenserklärung, so handelt es sich um einen ⇨ Boten.

Eigenhändig
[§ 126]

Zur Wahrung der Schriftform ist eine eigenhändige Namensunterschrift erforderlich. Dies erfordert eine handschriftliche ⇨ Namensunterschrift, die auf den Willen des Ausstellers zurückgehen muss (nicht: Faksimile, Schreibmaschine, Stempel, Telefax).

Eigenhändiges Testament
[§ 2247]

⇨ Testament, das vom ⇨ Erblasser eigenhändig geschrieben und unterschrieben werden muss. Erforderlich ist, dass der Schreibvorgang vom Willen des Erblassers beherrscht ist.

Eigenschaftsirrtum
[§ 119 II]

Irrtum des Erklärenden bei Abgabe einer ⇨ Willenserklärung über ⇨ verkehrswesentliche Eigenschaften einer Person oder Sache.

Eigentum
[§§ 903 ff.]

Das umfassendste ⇨ dingliche Recht an einer ⇨ Sache. Der Eigentümer kann gem. § 903 mit der Sache nach Belieben verfahren und andere von jeder Einwirkung ausschließen. Zu differenzieren sind: Alleineigentum (Normalfall, § 903), ⇨ Miteigentum nach Bruchteilen (§§ 1008 ff.), Gesamthandseigentum (⇨ Gesamthandsberechtigung)

Eigentümer-Besitzer-Verhältnis
[§§ 987 ff.]
★

Rechtsverhältnis zwischen dem Eigentümer und dem ⇨ unrechtmäßigen Besitzer einer Sache. Besteht ein EBV, hat der Eigentümer einen ⇨ Eigentumsherausgabeanspruch gem. § 985. Die §§ 987 bis 1003 regeln abschließend, wann dem Eigentümer gegen den unrechtmäßigen Besitzer ein ⇨ Nutzungsersatzanspruch und ein Anspruch auf ⇨ Schadensersatz zustehen und wann ein ⇨ Verwendungsersatzanspruch des Besitzers gegenüber dem Eigentümer besteht. Das EBV hat insofern grundsätzlich ⇨ Sperrwirkung.

Eigentümergrundschuld
[§§ 1196, 1177 I, 1163 I]

⇨ Grundschuld, die dem Grundstückseigentümer am eigenen Grundstück zusteht. Sie kann durch einseitige Erklärung und Eintragung in das Grundbuch originär bestellt werden. Sie entsteht auch, wenn für einen Dritten eine ⇨ Hypothek bestellt wird und die zu sichernde Forderung nicht (mehr) besteht.

Eigentümerhypothek [§§ 1163 II, 1177 II]

⇨ Hypothek, die dem Eigentümer an seinem eigenen Grundstück zusteht. Liegt gem. § 1163 II ausnahmsweise dann vor, wenn bei einer ⇨ Briefhypothek zwar die zu sichernde Forderung des Gläubigers entstanden ist, aber der Hypothekenbrief dem Gläubiger noch nicht übergeben wurde oder wenn dem Eigentümer auch die gesicherte Forderung zusteht.

Eigentumsaufgabe

Synonym für ⇨ Dereliktion

Eigentumsbeeinträchtigung [§ 1004] ★

Einwirkung auf fremdes Eigentum in anderer Weise als durch Entziehung oder Vorenthaltung des Besitzes. Z.B. Einwirkung auf die Sachsubstanz, rechtsgeschäftliche Verfügung, tatsächliche Benutzung, Immissionen oder Be- oder Verhinderung der Nutzung durch den Eigentümer. Siehe auch ⇨ Störungsbeseitigung, abzugrenzen von der ⇨ Eigentumsverletzung

---

Eigentumserwerb an Erzeugnissen [§§ 953 ff.]

An Erzeugnissen erwirbt nach § 956 grundsätzlich ein schuldrechtlich Aneignungsberechtigter das Eigentum. Existiert dieser nicht, so erwerben die in den §§ 955, 954, 953 genannten Personen.

Eigentumserwerb durch Hoheitsakt

Privatrechtsgestaltende Übertragung des Eigentums durch einen Träger öffentlicher Gewalt in gesetzlich vorgesehenen Fällen. Z.B.: ⇨ Ablieferung gem. § 817 II ZPO; Grundstückserwerb gem. § 90 ZVG; kein Fall der ⇨ Verfügung

---

Eigentumsherausgabeanspruch
[§ 985]

Anspruch auf Herausgabe einer beweglichen oder unbeweglichen Sache, wenn der Anspruchsteller Eigentümer, der Anspruchsgegner unmittelbarer oder mittelbarer Besitzer ist und kein Recht zum Besitz i.S.v. § 986 hat (⇨ unrechtmäßiger Besitzer). Ist der Anspruchsgegner nur mittelbarer Besitzer, muss er dem Eigentümer auch nur den mittelbaren Besitz verschaffen.

Eigentumsverletzung
[§ 823 I]
★

Jede Einwirkung auf die Sache, die den Eigentümer daran hindert, mit ihr seinem Wunsch entsprechend zu verfahren. Zu den Eigentumsverletzungen zählen Substanzverletzungen, Vorenthaltung oder Entzug der Sachherrschaft, Gebrauchsbeeinträchtigungen, Veränderungen der rechtlichen Zuordnung sowie Immissionen (Abzugrenzen von der ⇨ Eigentumsbeeinträchtigung).

Eigentumsvermutung
[§§ 1006, 891]

Widerlegbare Vermutung, wonach zugunsten des Besitzers einer beweglichen Sache vermutet wird, dass der Besitzer bei Erwerb des Besitzes Eigenbesitz begründet, dabei unbedingt das Eigentum erworben und es während der Besitzzeit behalten hat (nicht: Eigentumsvermutung schlechthin). Eine entsprechende Vermutung besteht zugunsten des Bucheigentümers.

Eigentumsvorbehalt
[§ 449]
★

Schuldrechtliche Vereinbarung, nach der der Verkäufer abweichend von § 433 I 1 Var. 2 nur Übereignung nach §§ 929 S. 1, 158 I unter der ⇨ aufschiebenden Bedingung vollständiger Zahlung des Kaufpreises schuldet.

Eigenübliche Sorgfalt

Synonym für ⇨ diligentia quam in suis

Einbau
[§ 439 III, Inkrafttreten am 01.01.2018]

Feste Verbindung mit einer Sache.

Eingriffskondiktion
[§ 812 I 1 Alt. 2]
★

Fall der ⇨ Nichtleistungskondiktion, bei der die tatbestandliche Vermögensverschiebung durch einen Eingriff in den Zuweisungsgehalt eines fremden Rechts bewirkt wird.

Einheitsprinzip
★

Gestaltungsmöglichkeit beim ⇨ Berliner Testament, bei der jeder Ehegatte (Lebenspartner) den anderen zum ⇨ Vollerben und den Dritten zum ⇨ Schlusserben (Ersatzerben) des Längerlebenden einsetzt. Die Vermögensmassen beider Partner werden mit Tod des Erstversterbenden rechtlich zu einer Einheit. Über dieses Vermögen kann der Überlebende durch Rechtsgeschäft unter Lebenden frei verfügen. Nach Tod des Längerlebenden erhält der Dritte aufgrund dessen Verfügung den gesamten Nachlass. Der Dritte ist also nicht Erbe des Erst-, sondern nur des Letztverstorbenen.

Einigungsmangel

Siehe ⇨ Dissens

Einrede
★

Recht, durch welches die Durchsetzung des subjektiven Rechts eines anderen zeitweilig (dilatorisch) oder dauerhaft (peremptorisch) verhindert werden kann. Anders als bei der ⇨ Einwendung wird das subjektive Recht allerdings nicht vernichtet.

Einrede der Vorausklage
[§ 771]

Besondere ⇨ Einrede eines Bürgen, nach der dieser die Inanspruchnahme verweigern kann, wenn der Gläubiger noch nicht versucht hat, aus einem Urteil oder einem anderen Vollstreckungstitel gegen den Hauptschuldner die Zwangsvollstreckung zu betreiben. Die Einrede besteht nicht, wenn der Bürge eine selbstschuldnerische ⇨ Bürgschaft übernommen hat (vgl. § 773 I Nr. 1).

Einrede des nichterfüllten Vertrags
[§ 320]

Als ⇨ Einrede geltend zu machendes Leistungsverweigerungsrecht einer nichtvorleistungspflichtigen Partei beim gegenseitigen Vertrag, die ihr obliegende Leistung bis zur gleichzeitigen, vollständigen Bewirkung der Gegenleistung zurückzuhalten.

Einsichtsfähigkeit
[§ 828]

Fähigkeit, das Unrecht eines Verhaltens nach Stand der geistigen Entwicklung zu erkennen. Siehe ⇨ Deliktsfähigkeit

---

Einwendung
★

Im Gegensatz zur ⇨ Einrede beseitigt eine Einwendung das subjektive Recht eines Dritten. Bei den rechtshindernden Einwendungen ist das geltend gemachte Recht von Anfang an nicht entstanden (z.B. ⇨ Sittenwidrigkeit, § 138), während bei den rechtsvernichtenden Einwendungen ein zunächst wirksam entstandenes Recht nachträglich zum Erlöschen gebracht wird (z.B. ⇨ Erfüllung, § 362).

Einwendungsdurchgriff
[§ 359]
★

Eine Einwendung aus dem mit einem ⇨ Darlehensvertrag ⇨ verbundenen Vertrag kann grundsätzlich auch (Ansprüchen aus) dem Darlehensvertrag entgegengehalten werden.

Einwilligung
[§ 183]

Vor der Vornahme eines zustimmungsbedürftigen Rechtsgeschäfts erteilte ⇨ Zustimmung.

Einzelrechtsnachfolge

⇨ Rechtsnachfolge in die Stellung einer anderen Person hinsichtlich eines konkreten Gegenstands, z.B. durch ⇨ Übereignung oder ⇨ Abtretung.

Einziehungsermächtigung
[§ 185 I analog]

Einwilligung des Inhabers einer Forderung in die Einziehung der Forderung durch einen Dritten. Der Ermächtigte zieht im eigenen Namen, aber auf Rechnung des Forderungsinhabers ein. Der Schuldner ist verpflichtet an den Dritten zu zahlen. Wird oft zusammen mit der ⇨ Empfangsermächtigung erteilt.

Elektive Konkurrenz

Nebeneinander bestehende inhaltlich verschiedene, sich gegenseitig ausschließende Rechte, unter denen der Berechtigte auswählen kann. Z.B. Haftung des ⇨ Vertreters ohne Vertretungsmacht nach Wahl des Gläubigers auf Erfüllung oder Schadensersatz (§ 179). Abzugrenzen von der ⇨ Wahlschuld

---

Elterliche Sorge
[§§ 1626 ff.]

Sorge für die Person (Personensorge) und das Vermögen des Kindes (Vermögenssorge). Die elterliche Sorge für ein minderjähriges Kind steht verheirateten ⇨ Eltern gem. § 1626 grds. gemeinsam zu. Sie umfasst gem. § 1629 die (grds. gemeinsame) Vertretung des Kindes. Gem. §§ 1629 II, 1795 bestehen Vertretungsverbote und gem. § 1822 zustimmungsbedürftige Rechtsgeschäfte.

Eltern

Siehe ⇨ Mutter und ⇨ Vater

Empfangsbedürftige Willenserklärung
★

Eine ⇨ Willenserklärung ist regelmäßig empfangsbedürftig (Ausnahme z.B. ⇨ Testament). Sie wird dann gemäß § 130 wirksam, wenn sie ohne vorherigen oder gleichzeitigen Widerruf dem Erklärungsempfänger bzw. dessen gesetzlichem Vertreter zugegangen (⇨ Zugang) ist.

Empfangsbote
★

Der vom Empfänger zur Empfangnahme einer ⇨ Willenserklärung Bestellte oder nach der Verkehrsanschauung zur Übermittlung Geeignete und als ermächtigt Geltende. „Menschlicher Briefkasten", daher auch ohne jede ⇨ Geschäftsfähigkeit möglich. Abzugrenzen vom ⇨ Empfangsvertreter

---

Empfangsermächtigung
[§§ 362 II, 185 I]

Ermächtigung des Gläubigers gegenüber einem Dritten, die Leistung auf eine Forderung zu empfangen. Der Dritte erhält durch sie ⇨ Empfangszuständigkeit. Als den Schuldner begünstigende Folge tritt ⇨ Erfüllung ein. Wird oft zusammen mit der ⇨ Einziehungsermächtigung erteilt.

Empfangsvertreter [§ 164 III] ★	Repräsentant des Empfängers, hat eigene Empfangszuständigkeit und ist inhaltlich für das Geschäft zuständig. Gemäß § 165 muss er zumindest ⇨ beschränkt geschäftsfähig sein. Abzugrenzen vom ⇨ Empfangsboten
Empfangszuständigkeit [§ 362] ★	Befugnis zur Entgegennahme einer Leistung zur ⇨ Erfüllung einer Forderung. Fehlt die Empfangszuständigkeit (z.B. bei Minderjährigen), führt die Entgegennahme der geschuldeten Leistung nicht zur Erfüllung und damit nicht zum Erlöschen der Forderung.
Endvermögen [§ 1375]	Vermögen, das ein Ehegatte in ⇨ der Zugewinngemeinschaft bei ihrer Beendigung (⇨ Scheidung, Tod) hat, abzüglich der Verbindlichkeiten. Relevant für die Berechnung des ⇨ Zugewinnausgleichs
Enterbung ★	Ausschluss eines ⇨ Verwandten, des Ehegatten oder des Lebenspartners von der gesetzlichen Erbfolge durch ⇨ Testament oder durch eine einseitige Verfügung im ⇨ Erbvertrag. Rechtsfolge der Enterbung ist, dass die Erbschaft demjenigen anfällt, der Erbe geworden wäre, wenn der Enterbte zur Zeit des Erbfalles nicht gelebt hätte. Unberührt von der Enterbung bleibt der Anspruch auf den ⇨ Pflichtteil.

Schadensposition bei der Berechnung des positiven Interesses oder des ⇨ Integritätsinteresses. Der entgangene Gewinn umfasst alle vermögenswerten Vorteile, die dem Geschädigten zur Zeit des schädigenden Ereignisses noch nicht zugeflossen waren, die er aber ohne die Schädigung erlangt hätte.

Entgangener Gewinn
[§ 252]

Entgeltforderung
[§§ 286 III, 288 II, V u. VI]

Zahlungsanspruch für die Erbringung von Dienstleistungen oder die Lieferung von Waren aufgrund gegenseitigen Vertrags.

Enthaftung

Entlassung eines Gegenstandes aus dem ⇨ Haftungsverband einer Grundschuld oder Hypothek. Zu unterscheiden ist zwischen regulärer Enthaftung vor Beschlagnahme des Grundstücks gem. §§ 1121 I, 1122 und irregulärer Enthaftung nach Beschlagnahme des Grundstücks gem. §§ 23 I 2 ZVG, §§ 136, 135 II, 1121 II 2.

Entlastungsbeweis
★

Möglichkeit, einer Haftung wegen vermuteten Verschuldens (z.B. § 280 I 2) zu entgehen, indem die Einhaltung der im Verkehr erforderlichen Sorgfalt dargelegt und bei Bestreiten bewiesen wird.

Entlastungsbeweis des Geschäftsherrn
[§ 831]

Darlegung, dass der Geschäftsherr bei der Auswahl, Anleitung und Überwachung eines ⇨ Verrichtungsgehilfen sowie bei dessen Ausrüstung mit Arbeitsgeräten die erforderliche Sorgfalt beachtet hat oder dass der Schaden auch bei Anwendung dieser Sorgfalt entstanden wäre.

Entlastungsbeweis, dezentralisierter

Von der Rspr. anerkannte, vereinfachte Exkulpationsmöglichkeit i.R.d. § 831 I bei größeren Unternehmen. Die erforderliche Sorgfalt des Geschäftsherrn muss sich in diesem Fall nicht auf sämtliche Betriebsangehörige beziehen, sondern nur auf diejenigen Personen, derer er sich für die Einstellung und Überwachung des untergeordneten Personals bedient.

Entreicherung
[§ 818 III]
★

Einrede des ⇨ Schuldners eines ⇨ Anspruchs aus ⇨ ungerechtfertigter Bereicherung. Besteht, wenn das ursprünglich Erlangte entweder nicht mehr beim Bereicherten vorhanden ist und der Bereicherte auch sonst keine Vorteile mehr in seinem Vermögen hat (z.B. ersparte Aufwendungen), oder das Erlangte zwar noch vorhanden ist, aber der Bereicherte sonstige Vermögensnachteile durch den Bereicherungsvorgang erlitten hat (z.B. Erbringung der Gegenleistung).

Erbbaurecht
[§ 1 I ErbbauVO]

Veräußerliches und vererbliches Recht, auf oder unter der Oberfläche des Grundstücks eines anderen ein Bauwerk zu haben. Abweichend von den §§ 946, 93, 94 ist nicht der Grundstückseigentümer Eigentümer des Gebäudes, sondern der Erbbauberechtigte.

Erbe
★

Natürliche oder juristische Person, auf die mit dem Tod des ⇨ Erblassers das Vermögen kraft Gesetzes oder kraft Verfügung des Erblassers als Ganzes übergeht und die in dessen Rechts- und Pflichtenstellung eintritt (⇨ Gesamtrechtsnachfolge).

Erbenbesitz
[§ 857]

⇨ Besitz ohne Sachherrschaft, den der ⇨ Erbe im ⇨ Erbfall kraft Gesetzes erwirbt, selbst wenn er weder Kenntnis vom Erbfall hatte noch tatsächlich den Besitz ergriffen hat.

Erbengemeinschaft
[§§ 2032 ff.]

Mehrheit von ⇨ Erben, auf die mit dem ⇨ Erbfall der gesamte ⇨ Nachlass ungeteilt übergeht. Die Erbengemeinschaft ist eine Gesamthandsgemeinschaft (⇨ Gesamthandsberechtigung).

Erbenhaftung

Haftung des ⇨ Erben für die mit dem ⇨ Erbfall auf ihn übergegangenen ⇨ Nachlassverbindlichkeiten (§ 1967 I). Grundsätzlich haftet der Erbe jedenfalls nach Annahme der Erbschaft mit seinem gesamten Privatvermögen und dem erworbenen ⇨ Nachlass unbeschränkt. Die Haftung gegenüber allen oder einzelnen Nachlassgläubigern kann jedoch durch Anordnung einer ⇨ Nachlassverwaltung oder Beantragung einer Nachlassinsolvenz beschränkt werden.

Erbfähigkeit
[§ 1923]

Fähigkeit, ⇨ Erbe werden zu können. Erbfähig ist grds. jede natürliche oder juristische Person. Eine natürliche Person ist erbfähig, wenn sie zur Zeit des ⇨ Erbfalls lebte (§ 1923 I) oder bereits gezeugt war und später lebend geboren wird (§ 1923 II).

Erbfall
★

Tod einer natürlichen Person, des ⇨ Erblassers.

Erbfallschulden

Erbfallschulden sind Verbindlichkeiten, die mit dem ⇨ Erbfall in der Person des Erben entstehen (Ansprüche bzgl. des ⇨ Pflichtteils, ⇨ Vermächtnisse, ⇨ Auflagen, Anspruch auf ⇨ Zugewinnausgleich, Beerdigungskosten, Erbschaftsteuer).

Erblasser
★

Natürliche Person, die bei ihrem Tod aufgrund gewillkürter oder gesetzlicher Erbfolge ihren ⇨ Nachlass hinterlässt.

Erblasserschulden

Erblasserschulden sind die vom ⇨ Erblasser herrührenden Schulden, die bereits vor seinem Tod entstanden waren.

Erbquote

Wertmäßige Beteiligung des einzelnen Miterben (⇨ Erbengemeinschaft) an dem ⇨ Nachlass, die durch den ⇨ Erblasser festgelegt wird oder sich aus den §§ 1924 ff. ergibt.

Erbrecht

Durch Art. 14 I 1 GG sowohl als objektiv-rechtliches Institut als auch als Grundrecht des Einzelnen garantiert. Zum unantastbaren Wesensgehalt des Erbrechts gehört die Gewährleistung des Privaterbrechts (Gegenteil: Staatserbrecht) und der Testierfreiheit.

Erbrechtliche Lösung

Abwicklungsmethode für das ⇨ Ehegattenerbrecht. Der Erbteil des Ehegatten in ⇨ der Zugewinngemeinschaft erhöht sich pauschal und unabhängig vom tatsächlichen Zugewinn um 1/4 (§ 1931 III i.V.m. § 1371 I).

Erbschaftsanfall

Gesetzlicher Übergang der Erbschaft auf den Erben. Der Übergang der Erbschaft erfordert keine Annahme, sodass es sich um einen Von-selbst-Erwerb handelt.

Erbschaftsanspruch
[§ 2018]

Erbrechtlicher Anspruch, mit dem der ⇨ Erbe von dem ⇨ Erbschaftsbesitzer die Herausgabe des gesamten bei diesem vorhandenen ⇨ Nachlasses verlangen kann.

Erbschaftsbesitzer [§ 2018] ★	Wer aufgrund eines vermeintlichen Erbrechts Erbschaftsgegenstände für sich in Anspruch nimmt.
Erbschaftsverwaltungsschulden	Verbindlichkeiten, die aus der Verwaltung und der Abwicklung des ⇨ Nachlasses herrühren (Kosten eines Testamentsvollstreckers, eines Nachlassverwalters, eines Nachlasspflegers und die Kosten der Testamentseröffnung).
Erbschein [§ 2353] ★	Amtliches Zeugnis des Nachlassgerichts über das Erbrecht des Erben. Ein Erbschein begründet die widerlegbare Vermutung, dass dem im Erbschein Bezeichneten auch tatsächlich das angegebene Erbrecht zusteht. Ein gutgläubiger Dritter kann daher vom Erbscheinserben durch Rechtsgeschäft einen Erbschaftsgegenstand erwerben (§ 2366).
Erbteil [§ 1922 II]	Anteil eines von mehreren ⇨ Erben am ⇨ Nachlass, dessen Höhe durch den ⇨ Erblasser oder die gesetzlichen Regeln über die Erbquoten bestimmt wird.
Erbunwürdigkeit [§§ 2339 ff.]	Ausschluss eines gesetzlichen oder gewillkürten ⇨ Erben von der Erbfolge wegen schwerwiegender Verfehlungen gegenüber dem ⇨ Erblasser.

Erbvertrag
[§ 1941]

Verfügung von Todes wegen in Form eines Vertrags zwischen dem ⇨ Erblasser und einer anderen Person, in dem sich die Parteien u.a. darüber einigen, dass der Vertragspartner oder ein Dritter ⇨ das Erbe, ein ⇨ Vermächtnis oder eine ⇨ Auflage erhalten soll.

Erbverzicht

Abstraktes erbrechtliches Verfügungsgeschäft zwischen dem ⇨ Erblasser und dem Verzichtenden, durch das noch vor dem Erbfall das Erbrecht, der Pflichtteil oder sonstige vom Erblasser vorgesehene Zuwendungen ausgeschlossen werden.

Erfolgsort
★

Ort, an dem der Leistungserfolg eintritt; zu unterscheiden vom ⇨ Leistungsort.

Erfüllbarkeit
[§ 271]
★

Zeitpunkt, ab dem der Schuldner leisten darf, der Gläubiger also durch Nichtannahme der Leistung in ⇨ Annahmeverzug kommt. Die Erfüllbarkeit ist streng von der ⇨ Fälligkeit zu unterscheiden.

Erfüllung
[§ 362 I]
★

⇨ Bewirkung der geschuldeten Leistung, die zum Erlöschen der Forderung führt. Nach h.M. sind subjektive Tatbestandselemente nicht erforderlich. Der Leistungsempfänger muss aber ⇨ empfangszuständig sein.

Erfüllungsgehilfe [§ 278 S. 1 Var. 2] ★	Erfüllungsgehilfe ist, wer mit Wissen und Wollen des Schuldners zur Erfüllung einer Verbindlichkeit aus einem vertraglichen oder gesetzlichen Schuldverhältnis tätig wird.
Erfüllungsinteresse	Synonym für ⇨ Äquivalenzinteresse
Erfüllungsort ★	Gelegentlich im Gesetz (vgl. §§ 447 I, 448 I, 644 II) verwendeter Begriff für den ⇨ Leistungsort.
Erfüllungssurrogat ★	Umstand, der ebenso wie die ⇨ Erfüllung zum Erlöschen der Forderung führt. Zu den Erfüllungssurrogaten gehören die ⇨ Leistung an Erfüllungs statt (§ 364 I), die Hinterlegung (§§ 372 ff.), die ⇨ Aufrechnung (§§ 387 ff.) und der ⇨ Erlass (§ 397 I).
Erfüllungsverweigerung [§§ 281 II, 286 II, 323 II]	Synonym für ⇨ Leistungsverweigerung
Ergänzende Auslegung [§ 242] ★	Erfolgt, wenn ein Umstand weder im Vertrag noch im Gesetz geregelt ist. Diese Regelungslücke ist nach dem hypothethischen Willen der Parteien zu schließen.
Erhaltungsinteresse	Synonym für ⇨ Integritätsinteresse

Erheblich geringer
[§ 950]
★

Der ⇨ Verarbeitungswert ist zum Wert aller eingebrachten Stoffe ins Verhältnis zu setzen. Der Verarbeitungswert ist erheblich geringer, wenn er 60 % oder noch weniger des Stoffwerts beträgt.

Erklärungsbewusstsein
★

Bewusstsein, mit einer ⇨ Handlung eine rechtserhebliche ⇨ Willenserklärung abzugeben. Eine Willenserklärung liegt allerdings auch ohne tatsächliches Erklärungsbewusstsein vor, wenn der Handelnde hätte erkennen können, dass sein Verhalten als Erklärung aufgefasst wird (potenzielles Erklärungsbewusstsein); in diesem Fall kann der Handelnde nach § 119 I analog anfechten.

Erklärungsbote
[§ 164 I]

Der ⇨ Bote, der eine fremde ⇨ Willenserklärung überbringt.

Erklärungsirrtum
[§ 119 I Var. 2]
★

Willensmangel, bei dem der äußere Erklärungstatbestand einer ⇨ Willenserklärung vom tatsächlichen inneren Geschäftswillen des Erklärenden abweicht. Dem Erklärenden unterläuft ein Fehler beim Erklärungsvorgang (Merke: Der Erklärende weiß nicht, was er sagt, z.B. Verschreiben).

Erlangtes Etwas
[§§ 812 ff.]
★

Jeder Vermögensvorteil, also der Erwerb eines Rechts, einer Rechtsposition oder eines tatsächlichen Vorteils. Beispiele: Eigentum, Besitz, Gebrauchs- oder Nutzungsmöglichkeiten und sonstige Vorteile

---

Erlass
[§ 397 I]

⇨ Verfügung zwischen Gläubiger und Schuldner, mit der als ⇨ Erfüllungssurrogat eine Forderung aufgehoben wird.

Erlassfalle
[§ 151]

Übersendet der Schuldner dem Gläubiger einen Verrechnungscheck mit einem geringeren als dem geschuldeten Betrag und teilt ihm mit, dass er bei Einlösung die darüber hinaus bestehende Forderung als erloschen ansieht, liegt grds. in der Einlösung des Schecks eine konkludente Annahme des Erlassangebotes.

Ersatzerbe

⇨ Erbe, der aufgrund einer Anordnung des ⇨ Erblassers nur dann als Erbe eintritt, wenn der zunächst berufene Erbe vor oder nach dem Erbfall wegfällt, z.B. durch Vorversterben. Anwendungsfall: ⇨ Berliner Testament

---

Ersitzung
[§§ 937 ff.]

Originärer Eigentumserwerb durch 10-jährigen, fortgesetzten gutgläubigen Eigenbesitz an einer beweglichen Sache.

Ersterwerb ★

Erwerb eines bisher nicht bestehende Rechts, insbesondere eines ⇨ beschränkt dinglichen Rechts durch seine Absplitterung vom Eigentum, z.B. Bestellung einer Hypothek.

Erweiterter Eigentumsvorbehalt ★

Sonderform des ⇨ Eigentumsvorbehalts, bei dem der Übergang des Eigentums auf den Käufer nicht schon mit Zahlung des Kaufpreises, sondern erst nach weiteren Zahlungen stattfindet (z.B. Tilgung sämtlicher Forderungen aus der Geschäftsverbindung).

Erwerb vom Nichtberechtigten [§§ 932 ff., 892] ★

Ermöglicht den Erwerb einer Sache oder eines Rechts von einem Verfügenden, der keine ⇨ Berechtigung zu dieser Verfügung hat, soweit ein ⇨ Verkehrsgeschäft vorliegt. Der Mangel der Berechtigung wird dadurch ausgeglichen, dass ein Rechtsscheinsträger (⇨ Rechtsschein des Besitzes bzw. ⇨ Grundbuchs) den Anschein der Berechtigung erzeugt. Zudem darf beim Erwerber keine ⇨ Bösgläubigkeit vorliegen. Bei beweglichen Sachen darf zudem kein ⇨ Abhandenkommen vorliegen, während bei Rechten an Grundstücken kein ⇨ Widerspruch eingetragen sein darf.

Erwirkungshandlung

Siehe ⇨ Prozesshandlung

Erzeugnisse [§§ 953 ff.]	Die organischen, von der Muttersache getrennten Sachen, wie z.B. Jungtiere, Milch, Eier, Pflanzen.
essentialia negotii ★	Vertragswesentliche Bestandteile. Über sie muss wenigstens Einigkeit bestehen, damit ein ⇨ Vertrag zustande kommt. Die übrigen Vertragsbestandteile heißen accidentalia negotii.
Evidenz	(lat. evidens): „augenscheinlich, ersichtlich“: Eindeutige und unproblematische Erkennbarkeit eines Umstands, z.B. Tatbestandsvoraussetzung für den ⇨ Missbrauch der Vertretungsmacht.
ex nunc ★	(lat.) „von nun an“: nur für die Zukunft wirkend
ex tunc ★	(lat.) „von damals an“: auch rückwirkend
Existenzgründer [§ 513]	Natürliche Person, die sich einen Kredit bis 75.000 € für die Aufnahme einer gewerblichen oder selbstständigen beruflichen Tätigkeit gewähren lässt.

Exkulpation ★

(lat.) „Entlastung“: siehe ⇨ Entlastungsbeweis

Factoring

Verpflichtungsvertrag über die im Voraus erfolgende ⇨ Abtretung bestimmter Forderungen der einen Partei (Factoringgeber) an die andere Partei (Factor) gegen Zahlung des Wertes der Forderung abzüglich einer Provision (Factoringgebühr). Zu differenzieren ist zwischen echtem Factoring, bei dem der Factor das Ausfallrisiko des Schuldners der erworbenen Forderung übernimmt, und unechtem Factoring, bei dem der Factor im Falle der Uneinbringlichkeit Rückgriff gegen den Factoringgeber nehmen kann.

Fahrlässigkeit [§ 276 II] ★

Außer Acht lassen der im Verkehr erforderlichen (also objektiven) Sorgfalt. Besondere individuelle Kenntnisse und Fähigkeiten erhöhen den zu beachtenden Sorgfaltsmaßstab. Unterscheide leichte/normale und ⇨ grobe Fahrlässigkeit.

Fahrnisverbindung [§ 947]

Verbindung mehrerer beweglicher Sachen verschiedener Eigentümer zu einer einheitlichen Sache.

Faktische Unmöglichkeit

Siehe ⇨ Unmöglichkeit

AB CD EF GH IJK LM NO PQ RS TU VW XYZ

Faktischer Vertrag	Siehe ⇨ sozialtypisches Verhalten
Fälligkeit [§ 271] ★	Zeitpunkt, ab dem der Gläubiger die geschuldete Leistung verlangen kann. Von der Fälligkeit zu unterscheiden ist die ⇨ Erfüllbarkeit einer Leistung durch den Schuldner.
falsa demonstratio non nocet ★	(lat.) „eine falsche Bezeichnung schadet nicht“: Wählt der Erklärende bei einer ⇨ Willenserklärung eine objektiv falsche Bezeichnung, die der Erklärungsempfänger ebenso falsch versteht wie der Erklärende, gilt ausnahmsweise das übereinstimmend Gewollte und nicht das tatsächlich Erklärte.
Falschlieferung	Synonym für ⇨ Aliudlieferung
falsus procurator	(lat.) „falscher Vertreter“: ⇨ Vertreter ohne Vertretungsmacht
Familienname	Synonym für Nachname/Zuname einer natürlichen Person.
Fehlerhafter Besitz [§ 858]	⇨ Besitz, den entweder der aktuelle Besitzer durch selbst verübte ⇨ verbotene Eigenmacht erlangt hat (§ 858 II 1) oder den der Erbe eines fehlerhaften Besitzers oder ein sonstiger Besitznachfolger bei

positiver Kenntnis der Fehlerhaftigkeit bei Besitzerwerb erlangt hat (§ 858 II 2).

Fernabsatzvertrag
[§ 312 c]
★

Vertrag über die Lieferung von Waren oder über die Erbringung von Dienstleistungen, der zwischen einem ⇨ Unternehmer und einem ⇨ Verbraucher unter ausschließlicher Verwendung von ⇨ Fernkommunikationsmitteln und im Rahmen eines für den Fernabsatz organisierten Vertriebs- bzw. Dienstleistungssystems abgeschlossen wurde.

Fernkommunikations-mittel
[§ 312 c II]

Kommunikationsmittel, die zur Anbahnung eines Vertrags ohne gleichzeitige körperliche Anwesenheit der Vertragsparteien eingesetzt werden können, wie z.B. Briefe, Kataloge, Telefonanrufe, Telekopien, E-Mails sowie Rundfunk, Tele- und Mediendienste.

Fiktion

Anordnung, nach der bestimmte tatsächliche oder rechtliche Umstände als gegeben zu behandeln sind, unabhängig davon, ob sie in Wirklichkeit vorliegen (z.B. §§ 105 a S. 1, 1923 II). Anders als eine ⇨ Vermutung oder ⇨ Auslegungsregel ist eine Fiktion zwingend.

Fiktivkaufmann [§ 5 HGB]	Im ⇨ Handelsregister als Kaufmann eingetragene Person, die in Wahrheit kein ⇨ Handelsgewerbe führt und demnach kein (normaler) ⇨ Kaufmann ist. Sie wird trotzdem als Kaufmann behandelt.
Firma [§ 17 HGB] ★	Name des ⇨ Kaufmanns, unter dem er im Handelsverkehr seine Geschäfte betreibt, seine Unterschrift abgibt sowie klagen und verklagt werden kann.
Fixgeschäft	Gegenseitiger Vertrag, bei dem die Einhaltung einer bestimmten Leistungszeit Inhalt der Leistungspflicht ist. Zu unterscheiden sind ⇨ absolutes und ⇨ relatives Fixgeschäft.
Forderungskauf	Siehe ⇨ Factoring
Form [§§ 125 ff.]	Äußere Gestalt eines Rechtsgeschäfts. Nach dem Grundsatz der ⇨ Privatautonomie besteht grds. Formfreiheit. Formbedürftigkeit ergibt sich ausnahmsweise aufgrund spezieller gesetzlicher Formvorschriften (gesetzliche Form) oder aus Parteivereinbarung (gewillkürte Form). Ein ohne die erforderliche Form geschlossenes Rechtsgeschäft ist nach Maßgabe des § 125 insgesamt nichtig, soweit nicht ausnahmsweise eine Heilung zulässig und eingetreten ist (z.B. § 311 b I 2).

Freiheit
[§ 823 I]

Körperliche Bewegungsfreiheit, d.h. die Möglichkeit, einen bestimmten Ort zu verlassen. Nicht: Beeinträchtigung der Willens- und Entschlussfreiheit.

Fremdbesitz
[vgl. § 872]

Besitzer, der eine Sache als einem anderen gehörend, also in Anerkennung fremden Eigentums besitzt.

Fremdbesitzerexzess
[§ 992 II]
★

Ein Besitzer, der kein ⇨ Recht zum Besitz hat, glaubt, er habe ein solches und er überschreitet dieses vermeintliche Besitzrecht. Nach h.M. findet bei drei Personen abschließend § 992 II Anwendung, bei zwei Personen ist hingegen (ausnahmsweise trotz der ⇨ Sperrwirkung des EBV) § 823 I einschlägig. Abzugrenzen vom ⇨ Nicht so berechtigten Besitzer.

Fremdbesitzerwille

Wille dazu, ⇨ Fremdbesitzer zu sein.

Fremdes Geschäft
[§ 677]
★

Geschäfte, die nach ihrer Natur, ihrem Inhalt und ihrem äußeren Erscheinungsbild unmittelbar in die Rechts- und Interessensphäre eines anderen fallen (objektiv fremdes Geschäft) sowie Geschäfte, die ihren Fremdcharakter durch den Willen des Handelnden, für einen anderen tätig werden zu wollen (subjektiv fremdes Geschäft), erhalten sowie nach h.M. „auch-fremde Geschäfte", bei denen der Geschäftsführer eigene und fremde Angelegenheiten besorgt.

Fremdgeschäftsführungswille
[§§ 683 ff.]
★

Bewusstsein und Wille, die Angelegenheiten eines anderen zu besorgen und ihm die Vorteile der Geschäftsbesorgung zugute kommen zu lassen. Bei Vornahme eines objektiv ⇨ fremden Geschäfts (und laut Rspr. auch bei Vornahme eines auch-fremden Geschäfts) wird der Fremdgeschäftsführungswille vermutet. Bei objektiv neutralen oder eigenen Geschäften des Geschäftsführers ist ein konkreter Nachweis des Fremdgeschäftsführungswillens erforderlich.

Frist
[§§ 187–193]

Durch einen Anfangs- und Endtermin begrenzter Zeitraum (⇨ Termin).

Fristbeginn
[§ 187]
★

Ist für den Anfang einer ⇨ Frist ein Ereignis oder ein in den Lauf eines Tages fallender Zeitpunkt maßgebend (Regelfall), beginnt die Frist um 00.00 Uhr des Folgetages, d.h. der Tag, in den das Ereignis oder der Zeitpunkt fällt, wird nicht mitgerechnet (§ 187 I). Ausnahmen: Der Beginn eines Tages ist der für den Anfang einer Frist maßgebende Zeitpunkt (§ 187 II 1) und bei der Berechnung des Lebensalters (§ 187 II 2). § 193 gilt nicht für den Fristbeginn.

Fristende
[§ 188]
★

Eine nach einem Zeitraum (Wochen, Monate, Jahre) bemessene ⇨ Frist endet mit Ablauf des Tages, der durch seine Benennung oder Zahl dem Tag vor Fristbeginn entspricht. Bei Fristen nach § 187 II ist der Tag des Fristbeginns maßgeblich. Ist innerhalb der Frist eine ⇨ Willenserklärung abzugeben oder eine Leistung zu bewirken, verlängert sich die Frist, wenn der letzte Tag auf einen Samstag, Sonntag oder einen staatlich anerkannten Feiertag fällt, bis zum nächsten Werktag (§ 193).

Frustrationsschaden

Siehe ⇨ frustrierte Aufwendungen

Frustrierte Aufwendungen

⇨ Aufwendungen, die freiwillig, aber im Vertrauen auf den Erhalt einer später unfreiwillig nicht erhaltenen Leistung gemacht wurden. Frustrierte Aufwendungen können daher als ⇨ Frustrationsschaden ersetzt verlangt werden, wenn der Ersatz des Vertrauensinteresses geschuldet wird (z.B. gem. §§ 122, 179 II). Anstelle des ⇨ Schadensersatzes statt der Leistung kann der Gläubiger gem. § 284 zudem diejenigen Aufwendungen ersetzt verlangen, die er im Vertrauen auf den Erhalt der Leistung gemacht hat und billigerweise machen durfte.

Für eine Vielzahl von Verträgen vorformuliert
[§ 305 I]

Für mindestens drei ⇨ Verträge vorgesehen, d.h. ab dem ersten Vertrag, wenn bei seinem Abschluss bereits die Absicht der mehrfachen Verwendung besteht. Die Vorformulierung muss nicht auf Papier, sie kann auch im Kopf durch Auswendiglernen erfolgen.

Garantie

Im weiteren Sinne jede vertragliche Vereinbarung, durch die die Rechte des Garantienehmers (i.d.R. Käufers) im Vergleich zu seinen gesetzlichen Gewährleistungsrechten (⇨ Gewährleistung) verstärkt werden. Siehe auch ⇨ Garantiearten. Im Sinne des § 443 I ist „Garantie" nur die ⇨ Beschaffenheitsgarantie.

Garantiearten

Bei Garantien ist nach der Person des Garantiegebers zwischen Dritt- bzw. Hersteller- und Verkäufergarantien, nach dem Inhalt der Garantieerklärung zwischen ⇨ Beschaffenheits- und ⇨ Haltbarkeitsgarantien und nach der Abhängigkeit von den gesetzlichen Mängelrechten zwischen selbst- und unselbstständigen Garantien zu differenzieren.

Gattungsschuld
[§ 243 I, § 360 HGB]
★

Schuld, bei der – anders als bei der ⇨ Stückschuld – der Leistungsgegenstand von den Parteien nur nach generellen Merkmalen bestimmt ist. Die Auswahl der konkret zu leistenden Sachen obliegt dem Schuldner. Erfüllungstauglich sind aber nur zur Gattung gehörende Sachen von mittlerer Art und Güte. Zur Beschränkung der Schuld auf bestimmte Stücke siehe ⇨ Konkretisierung.

Gebäudehaftung
[§ 836]

Haftung des Eigenbesitzers eines Grundstückes für Körper- oder Sachschäden, die durch den Einsturz oder die Ablösung des gesamten oder eines ⇨ Gebäudeteils des auf dem Grundstück stehenden Gebäudes oder eines sonstigen mit dem Grundstück verbundenen Werkes verursacht werden. Das Verschulden wird vermutet, Exkulpation ist möglich (⇨ Entlastungsbeweis).

Gebäudeteil
[§ 836]

Ein Gebäudeteil ist eine Sache, die zur Herstellung eines Gebäudes eingefügt ist oder bei der sich eine Zugehörigkeit zu dem Gebäude aus einem festen baulichen Zusammenhang ergibt.

Gebrauchsvorteile
[§ 100]

Vorteile, welche der Gebrauch einer Sache gewährt, ohne dass es sich dabei um Früchte i.S.v. § 99 handelt; Beispiel: Wohnvorteil.

Gefährdungshaftung
★

Verschuldensunabhängige Haftung des Verantwortlichen, die sich daraus ergibt, dass sich in dem schädigenden Ereignis eine bestimmte, von dem Verantwortlichen (zulässigerweise) verursachte Gefahr verwirklicht hat. Beispiele: Haftung des Halters eines Kfz (§ 7 StVG) oder Haftung für Fehler von Produkten (§§ 1 ff. ProdHaftG)

Gefahrtragung

Verteilung der Risiken einer zufälligen, d.h. von keiner Partei des Schuldverhältnisses zu verantwortenden Störung der Leistung. Zu differenzieren ist zwischen ⇨ Leistungsgefahr (Sachgefahr) und Gegenleistungsgefahr (⇨ Preisgefahr).

Gefahrübergang ★

Übergang der ⇨ Preisgefahr durch besondere Gefahrtragungsregeln (z.B. § 326 II; § 446).

Gefälligkeit ★

Unentgeltliche Tätigkeit für einen anderen ohne ⇨ Rechtsbindungswillen. Eine bloße Gefälligkeit begründet weder Erfüllungs- noch vertragliche Schadensersatzansprüche. Auslegungskriterien für die Frage, ob eine Gefälligkeit oder ein ⇨ Gefälligkeitsvertrag vorliegt, sind: Wert der Sache, die wirtschaftliche Bedeutung der Angelegenheit, erkennbares Interesse des Begünstigten sowie das durch den Gefälligen übernommene Risiko.

Gefälligkeitsvertrag

Unentgeltliche Tätigkeit für einen anderen mit ⇨ Rechtsbindungswillen. Anders als bei einer bloßen ⇨ Gefälligkeit besteht ein Erfüllungsanspruch, zudem haftet der Tätige ggf. nach §§ 280 I, 241 Abs. 1 oder 2.

Gegenleistung
[§ 326]

Bei einem ⇨ gegenseitigen Vertrag ist der ⇨ Gläubiger der ⇨ Leistung zugleich ⇨ Schuldner der Gegenleistung. Leistung und Gegenleistung stehen im ⇨ Synallagma. Besteht hinsichtlich der Leistung ⇨ Unmöglichkeit, so ist die Gegenleistung grundsätzlich nicht mehr zu erbringen.

Gegenleistungsgefahr
[§§ 326 I, II, 446, 447 I, 616, 644 II, 645 I]
★

Gefahr, die Folgen des Untergangs der Leistung tragen zu müssen. Anfangs liegt sie beim Schuldner, er verliert dann seinen Gegenleistungsanspruch (§ 326 I 1); ist sie bereits auf den Gläubiger übergegangen, muss dieser die Gegenleistung bewirken, ohne die Leistung fordern zu können.

Gegenseitigkeit

Gegenseitige Abhängigkeit (⇨ Synallagma) von Leistung und Gegenleistung bei einem gegenseitigen Vertrag („do ut des" = „Ich gebe, damit du gibst.").

Gegenstand
★

Oberbegriff für ⇨ Sachen und Rechte

Geheimer Vorbehalt
[§ 116 S. 1]

Fall eines bewussten, aber irrelevanten ⇨ Willensmangels bei einer ⇨ Willenserklärung. Der Erklärende behält sich insgeheim vor, die Rechtsfolgen der Erklärung nicht zu wollen.

Geheißperson ★	Person, die bei der Übertragung des Eigentums an einer ⇨ beweglichen Sache bei der ⇨ Übergabe i.S.d. § 929 S. 1 auf Geheiß des Veräußerers oder Erwerbers mitwirkt, ohne Besitzdiener oder Besitzmittler zu sein. Diese Mitwirkung wird dem Veräußerer bzw. Erwerber zugerechnet.
Gehilfe [§ 830 II]	Gehilfe ist, wer ohne eigenen Täterwillen dem Täter in irgendeiner Form bei einer vorsätzlichen unerlaubten Handlung vorsätzlich Hilfe leistet (vgl. § 27 StGB).
Geldbetragsschuld	Synonym für ⇨ Geldsummenschuld
Geldschuld	Das Gesetz enthält keine umfassende Regelung der Geldschuld; zu unterscheiden sind ⇨ Geldsummenschuld, ⇨ Geldwertschuld sowie ⇨ Gattungsschuld.
Geldsummenschuld	Normale Geldschuld, bei der die geschuldete Geldleistung ausschließlich summenmäßig in Währungseinheiten festgelegt wird (z.B. 50 €). Die Leistungspflicht des Geldsummenschuldners richtet sich ausschließlich nach dem Nennbetrag der Schuld und nicht nach dem (inflationsbedingt gesunkenen) Wert des Geldbetrags.

Geldwertschuld

Die Geldwertschuld ist auf den in Geld zu berechnenden aktuellen Wert eines Gegenstandes oder eines Vermögensanteils gerichtet, nicht aber von vornherein auf Zahlung einer bestimmten Geldsumme.

Gemeinschaftliche Gläubiger
[§ 432]

⇨ Gläubigermehrheit, bei der die Forderung den Gläubigern nur gemeinschaftlich zusteht und die Leistung nur an alle Gläubiger gemeinsam erbracht werden kann.

Gemeinschaftliches Testament
[§§ 2265 ff., § 10 IV LPArtG]

⇨ Testament, in dem Ehegatten oder ⇨ Lebenspartner gemeinschaftlich letztwillige Verfügungen treffen können. Es bestehen insbesondere Formerleichterungen.

Gemeinschaftseigentum

Siehe ⇨ Sondereigentum

Genehmigung
[§ 184]

Nachträgliche, unwiderrufliche ⇨ Zustimmung zu einem zustimmungsbedürftigen Rechtsgeschäft, die zum rückwirkenden Wirksamwerden führt (§ 184 I).

Gerade Linie

Siehe ⇨ Verwandtschaft

Gesamtgläubiger [§ 428]	⇨ Gläubigermehrheit, bei welcher jeder Gläubiger berechtigt ist, die Leistung an sich alleine zu verlangen. Es tritt dann ⇨ Erfüllung ein, auch wenn die anderen Gläubiger nicht beteiligt sind.
Gesamtgut [§ 1416]	Das beim ⇨ Güterstand der ⇨ Gütergemeinschaft den Ehegatten gemeinsam gehörende Vermögen.
Gesamthands-berechtigung	Gemeinsame Berechtigung mehrerer an einem Gegenstand, sodass jeder Beteiligte am Ganzen berechtigt ist, jedoch beschränkt durch die Mitberechtigung der anderen. Der Einzelne hat einen quotenmäßigen Anteil am Recht. Fälle: ⇨ Personengesellschaften, nicht rechtsfähige ⇨ Vereine, Miterbengemeinschaft (§ 2032 I, ⇨ Erbteil), (fortgesetzte) ⇨ Gütergemeinschaft (§ 1416, §§ 1485 ff.)
Gesamtrechtsnachfolge	Übergang aller Rechte und Pflichten einer Person auf eine andere Person (Beispiel: Erbfall, § 1922 I).
Gesamtschuld [§§ 421 ff.] ★	Mehrheit von gleichrangigen Schuldnern, bei der jeder Schuldner die ganze Leistung zu bewirken verpflichtet, der Gläubiger die Leistung aber insgesamt nur einmal zu fordern berechtigt ist.

Gesamtvertretung

Mehreren Personen nur gemeinsam zustehende ⇨ Vertretungsmacht (z.B. § 1629 I 2, Eltern).

Geschäft des täglichen Lebens
[§ 105 a]

Entgeltliche oder unentgeltliche Geschäfte, die nach der Verkehrsauffassung alltäglich auftreten, ohne notwendigerweise jeden Tag vorgenommen werden zu müssen, und bei denen eine Gegenleistung in Geld für gewöhnlich bar erbracht wird. Hierzu gehört in erster Linie der Erwerb von Sachen des täglichen Bedarfs.

Geschäft für den, den es angeht
★

Ausnahme vom vertretungsrechtlichen ⇨ Offenkundigkeitsprinzip insbesondere bei ⇨ Bargeschäften des täglichen Lebens, mit der Folge, dass der Vertrag mit dem Vertretenen zustande kommt.

Geschäftsähnliche Handlung
★

Private Willensäußerung, an die die Rechtsordnung den Eintritt einer bestimmten Rechtsfolge unabhängig vom Willen des Äußernden knüpft, z.B. Mahnung (§ 286 I 1). Die Vorschriften für Rechtsgeschäfte finden analoge Anwendung.

Geschäftsanmaßung
[§ 687 II]

Bewusste Führung eines fremden Geschäfts. Eine Geschäftsanmaßung ist rechtswidrig und führt zu delikts- und bereicherungsrechtlichen Ansprüchen des Geschäftsherrn sowie zu Ansprüchen aus GoA (§§ 677, 678, 681, 682).

Geschäftsbesorgung (i.e.S.)

Beim (entgeltlichen) ⇨ Geschäftsbesorgungsvertrag (§ 675) eng zu verstehen: Jede selbstständige Tätigkeit wirtschaftlicher Art und im fremden Interesse. Selbstständig ist die Tätigkeit, wenn sie Raum für eigenverantwortliche Überlegungen und Willensbildung des Geschäftsbesorgers lässt. Beispiel: Vermögensverwaltung

---

Geschäftsbesorgung (i.w.S.)

Beim ⇨ Auftrag und bei der ⇨ Geschäftsführung ohne Auftrag weit zu verstehen: Sie umfasst jede Tätigkeit in fremdem Interesse.

Geschäftsbesorgungsvertrag
[§ 675]

Dienst- oder Werkvertrag, der eine ⇨ Geschäftsbesorgung (i.e.S.) zum Inhalt hat. Auf ihn finden neben dem Dienst- bzw. Werkvertragsrecht kraft Verweisung in § 675 I viele Vorschriften über den ⇨ Auftrag Anwendung. Sonderfall: Zahlungsdienste, §§ 675 c ff.

Geschäftsfähigkeit
[§§ 104 ff.]
★

Fähigkeit, ⇨ Rechtsgeschäfte selbst oder durch selbst bestellte Vertreter vorzunehmen. Geschäftsunfähig sind Personen, die das 7. Lebensjahr noch nicht vollendet haben und Geisteskranke. Personen, die das 18. Lebensjahr noch nicht vollendet haben, sind ⇨ beschränkt geschäftsfähig.

Geschäftsführung ohne Auftrag
[§§ 677 ff.]
★

Besorgung eines Geschäfts für einen anderen ohne dessen Auftrag oder sonstige Berechtigung ihm gegenüber.

Geschäftsgrundlage
[§ 313]
★

Umstände, deren Vorhandensein und Fortdauer erforderlich ist, damit der ⇨ Vertrag nach Intention beider Vertragspartner noch als eine sinnvolle Regelung bestehen kann (obj. Geschäftsgrundlage, § 313 I). Zudem die bei Abschluss des Vertrags erkennbaren Vorstellungen der einen oder die gemeinsamen Vorstellungen beider Parteien, sofern der ⇨ Geschäftswille der Parteien auf diesen Vorstellungen aufbaut und diese Umstände nicht sogar Vertragsinhalt geworden sind (subj. Geschäftsgrundlage, § 313 II). Einseitige, unerkennbare Motive sind unerheblich.

Geschäftswille
★

Wille zur Herbeiführung einer bestimmten Rechtsfolge durch eine ⇨ Willenserklärung. Fehlt er, so ist die Willenserklärung zwar wirksam, aber nach § 119 I anfechtbar.

Gesellschaft bürgerlichen Rechts (GbR) [§§ 705 ff.] ★	Grundform der ⇨ Personengesellschaft. Nach h.M. ist die Außen-GbR ⇨ rechtsfähig und ⇨ parteifähig.
Gesellschaft mit beschränkter Haftung (GmbH) ★	Die GmbH ist eine ⇨ Kapitalgesellschaft. Sie kann zu jedem gesetzlich zulässigen Zweck gegründet werden, auch zu nicht wirtschaftlichen Zwecken.
Gesetz [Art. 2 EGBGB]	Jede Rechtsnorm
Gesetzliche Erbfolge [§§ 1924 ff., § 10 LPartG]	⇨ Gesamtrechtsnachfolge der gesetzlichen ⇨ Erben, wenn der ⇨ Erblasser keinen Erben bestimmt hat oder eine Verfügung von Todes wegen unwirksam ist. Gesetzliche Erben sind die ⇨ Verwandten, der Ehegatte, der Lebenspartner und der Staat (§ 1936).
Gesetzlicher Forderungsübergang	Synonym für ⇨ cessio legis.

Gesetzlicher Vertreter

⇨ Vertreter, dessen ⇨ Vertretungsmacht sich aus dem Gesetz ergibt, z.B. Eltern (§§ 1626, 1629) oder der Pfleger (§§ 1909 ff.).

Gesetzliches Schuldverhältnis

Pflichtenbegründende Sonderbeziehung, z.B. ⇨ Geschäftsführung ohne Auftrag, ⇨ ungerechtfertigte Bereicherung, ⇨ Eigentümer-Besitzer-Verhältnis

---

Gestaltungserklärung

Einseitige, empfangsbedürftige ⇨ Willenserklärung, mit der ein ⇨ Gestaltungsrecht ausgeübt wird. Gestaltungserklärungen sind unwiderruflich und bedingungsfeindlich.

Gestaltungsrecht

Subjektives Recht, das dem Inhaber die Rechtsmacht verleiht, ohne die Mitwirkung eines anderen durch einseitige ⇨ Gestaltungserklärung auf die bestehende Rechtslage einzuwirken. Gestaltungsrechte unterliegen nicht der ⇨ Verjährung, ihre Ausübung kann aber durch Ausschlussfrist begrenzt sein (vgl. § 218).

Geständnis
[§§ 288 ff. ZPO]

Eingestehung von zunächst bestrittenen Tatsachen, sodass über diese kein Beweis mehr erhoben werden muss. Abzugrenzen vom ⇨ Anerkenntnis, welches auch das rechtliche Bestehen eines Anspruchs erfasst.

Gestörtes Gesamtschuldverhältnis

An sich bestehende ⇨ Gesamtschuld, deren Haftungs- und Ausgleichssystem durch Beschränkung der Haftung eines Schuldners im Verhältnis zum Gläubiger gestört ist.

Gesundheitsverletzung
[§ 823 I]
★

Jede medizinisch erhebliche Störung der körperlichen, geistigen oder seelischen Lebensvorgänge. Schockschäden aufgrund seelischer Erschütterung sind dem allgemeinen Lebensrisiko zuzuordnen, es sei denn, sie entstehen bei nahen Angehörigen des Verletzten.

Gewährleistung

Haftung wegen einer mangelhaften Leistung im Kauf-, Werk-, Miet- und Reisevertragsrecht. Die Gewährleistungsvorschriften sind Sonderregeln im Verhältnis zu den Leistungsstörungsvorschriften im allgemeinen Schuldrecht.

Gewährleistung im Kaufrecht
[§§ 434 ff.]

Die ⇨ Gewährleistung des Verkäufers für Sachmängel beginnt gem. § 434 I 1 mit dem ⇨ Gefahrübergang, wenn die Kaufsache in diesem Zeitpunkt einen ⇨ Sachmangel aufweist. Die Gewährleistungsrechte des Käufers ergeben sich aus § 437: Primär ein Anspruch auf ⇨ Nacherfüllung und sekundär ein Recht zum ⇨ Rücktritt oder zur ⇨ Minderung sowie ein Anspruch auf ⇨ Schadensersatz statt der Leistung bzw. Aufwendungsersatz (§ 284; ab dem

01.01.2018 zudem § 439 III) zu. Die Gewährleistung für ⇨ Rechtsmängel (§ 435) beginnt ab Rechtserwerb und richtet sich ebenfalls nach § 437.

Gewährleistung im Mietrecht
[§§ 535 ff.]

Rechte bei Vorliegen eines ⇨ Mietmangels: Der Mieter kann Beseitigung des Mangels verlangen, § 535 I 2. Gem. § 536 tritt kraft Gesetzes eine Minderung der Miete ein (Rückzahlung über § 812). Schadensersatz kann der Mieter nach § 536 a verlangen. Außerdem steht einem Mieter unter Umständen gem. § 543 I i.V.m. II Nr. 1 ein Recht zur außerordentlichen Kündigung des Mietvertrags zu.

Gewährleistung im Reiserecht
[§§ 651 c ff.]

Bei einem Reisemangel stehen dem Reisenden folgende Rechte zu: Abhilfeverlangen (§ 651 c II), Selbstabhilfe und Aufwendungsersatzanspruch (§ 651 c III), Minderung des Reisepreises (§ 651 d I), außerordentliche Kündigung (§ 651 e), Schadensersatz (§ 651 f)

Gewährleistung im Werkrecht
[§§ 633 ff.]

Die ⇨ Gewährleistung des (Werk-)Unternehmers beginnt mit ⇨ Abnahme des Werkes (§ 640 bzw. § 646), wenn es in diesem Zeitpunkt einen ⇨ Sachmangel oder einen ⇨ Rechtsmangel aufweist. Die Gewährleistungsrechte des ⇨ Bestellers ergeben sich aus § 634: Primär ein Anspruch auf ⇨ Nacherfüllung und sekundär ein Recht zur ⇨ Selbstvornahme der Mangelbeseitigung, zum ⇨ Rücktritt oder zur ⇨ Minderung sowie ein ⇨ Schadensersatzanspruch statt der Leistung oder Aufwendungsersatzanspruch.

Gewährleistungs-ausschluss

Rechtsgeschäftliche oder gesetzliche Regelung, die bewirkt, dass der Käufer/⇨ Besteller/Reisende/Mieter die ihm zustehenden Gewährleistungsrechte gegenüber dem Verkäufer/Unternehmer/Reiseveranstalter/Vermieter nicht oder nur eingeschränkt geltend machen kann. Ein Gewährleistungsausschluss kann begründet werden durch vertragliche Abrede oder Gesetz.

Gewerbe (i.S.d. Handelsrechts) ★

Jede äußerlich erkennbare, selbstständige, planmäßig auf gewisse Dauer zum Zweck der Gewinnerzielung ausgeübte Tätigkeit, die nicht freier Beruf ist. Umstritten ist, ob und inwieweit die Tätigkeit erlaubt sein muss.

Gewillkürte Erbfolge

Bestimmung der ⇨ Erben und ihrer Erbteile durch den ⇨ Erblasser in einer ⇨ Verfügung von Todes wegen. Die gewillkürte Erbfolge verdrängt die ⇨ gesetzliche Erbfolge.

Zur Feststellung der üblichen Beschaffenheit ist auf die Verkehrsanschauung, gesetzliche Beschaffenheitsvoraussetzungen sowie öffentliche Äußerungen des Verkäufers, Herstellers oder seines Gehilfen (§ 434 I 3) abzustellen.

Gewöhnliche Verwendung und übliche Beschaffenheit
[§ 434 I 2 Nr. 2]
★

Person, die kraft eines vertraglichen oder gesetzlichen ⇨ Schuldverhältnisses vom ⇨ Schuldner eine Leistung zu fordern berechtigt ist (§ 241 I).

Gläubiger

Beteiligung mehrerer ⇨ Gläubiger an einem ⇨ Schuldverhältnis.

Gläubigermehrheit

Synonym für ⇨ Annahmeverzug

Gläubigerverzug
[§§ 293 ff.]

⇨ Abtretung einer Mehrheit von Forderungen gegen einen Drittschuldner, in der Regel zur Sicherung eines Gläubigers. Die Globalzession kann sich auf schon bestehende oder auch auf künftig erst noch entstehende Forderungen beziehen. Der ⇨ Bestimmtheitsgrundsatz ist allerdings zu beachten und eine ⇨ Übersicherung zu vermeiden.

Globalzession
★

Grammatische Auslegung	Ermittlung des Inhalts einer Norm anhand der vom Gesetzgeber verwendeten Ausdrücke (Wortlautauslegung).
Grobe Fahrlässigkeit ★	Verletzung der im Verkehr erforderlichen Sorgfalt in ungewöhnlich großem Maße, wenn unbeachtet geblieben ist, was in der entsprechenden Situation jedermann hätte einleuchten müssen.
Großer Schadensersatz	Synonym für ⇨ Schadensersatz statt der ganzen Leistung
Grundbuch	Bei den Grundbuchämtern (Amtsgericht, § 1 GBO) geführtes öffentliches Register über das Bestehen und die Rangverhältnisse der ⇨ dinglichen Rechte an Grundstücken, sowie über Verfügungsbeschränkungen.
Grundbuch-berichtigungsanspruch [§ 894]	Dinglicher Anspruch des Inhabers eines dinglichen Rechts an einem Grundstück auf Herstellung einer dem materiellen Recht entsprechenden Grundbucheintragung.
Grunddienstbarkeit [§§ 1018–1029]	Dingliche Grundstücksbelastung, nach welcher der Eigentümer eines Grundstücks (dienendes Grundstück) einzelne Benutzungen dulden muss oder einzelne tatsächliche Handlungen auf dem Grundstück nicht vornehmen oder einzelne aus dem Eigentum

fließenden Rechte nicht ausüben darf. Berechtigter kann im Unterschied zur ⇨ beschränkt persönlichen Dienstbarkeit nur der aktuelle Eigentümer eines anderen (des herrschenden) Grundstücks sein. Beispiel: Wegerecht zugunsten des Nachbargrundstücks

---

Grundpfandrechte

Dingliche Verwertungsrechte an einem Grundstück. Zu unterscheiden sind ⇨ Hypothek, ⇨ Grundschuld, Reallast und Rentenschuld.

Grundschuld
[§§ 1191 ff.]

Belastung eines Grundstücks in der Weise, dass die Zwangsvollstreckung in das Grundstück geduldet werden muss. Im Gegensatz zur ⇨ Hypothek ist die Grundschuld ⇨ abstrakt. Es sind die für die ⇨ Hypothek geltenden Vorschriften anzuwenden, soweit sich nicht aus der Abstraktheit etwas anderes ergibt, § 1192 I.

Grundschuldbestellung
(⇨ Ersterwerb)
★

„Absplitterung" der Grundschuld vom Eigentum durch Belastung des Eigentums i.S.d. § 873. Gem. §§ 873, 1191, 1192 ist eine Einigung zwischen Eigentümer und Grundschulderwerber und die Eintragung der Grundschuld in das ⇨ Grundbuch sowie bei der ⇨ Briefgrundschuld zusätzlich die Übergabe des Grundschuldbriefes nötig. Die ⇨ Berechtigung ist erforderlich, allerdings ist auch ein ⇨ Erwerb vom Nichtberechtigten nach § 892 möglich.

Grundschuldübertragung (⇨ Zweiterwerb) ★	Eine rechtsgeschäftliche Übertragung der ⇨ Grundschuld setzt gem. §§ 1192, 1154 die Einigung über die Übertragung und bei der Briefgrundschuld zusätzlich Schriftform der Abtretungserklärung und Übergabe des Grundschuldbriefes voraus. Ist die Erteilung eines Grundschuldbriefs ausgeschlossen, so ist statt Übergabe des Grundschuldbriefs die Eintragung der Abtretung in das Grundbuch nötig. Die ⇨ Berechtigung ist erforderlich, allerdings ist auch ein ⇨ Erwerb vom Nichtberechtigten nach § 892 möglich.
Grundstück	Katastermäßig vermessener und bezeichneter Teil der Erdoberfläche, der im ⇨ Grundbuch als Grundstück geführt wird. Zum Grundstück gehören stets auch die von ihm nicht getrennten ⇨ wesentlichen Bestandteile (§§ 93, 94), soweit sie nicht gem. § 95 ⇨ Scheinbestandteile sind.
Grundstücks(kauf-)vertrag [§ 311 b I]	(Kauf-)Vertrag, durch den eine Verpflichtung zur Übertragung oder zum Erwerb des Eigentums an einem Grundstück, von entsprechenden Miteigentumsanteilen, zur Bestellung eines Erbbaurechts oder zur Einräumung von Wohnungseigentum begründet wird. Bedarf zur Wirksamkeit der ⇨ Beurkundung.

Gütergemeinschaft

Vertraglicher ⇨ Güterstand der Ehegatten, bei dem das Vermögen der Eheleute grds. kraft Gesetzes gemeinschaftliches Vermögen (sog. ⇨ Gesamtgut) wird. Daneben bestehen die beiden Sondergüter und die beiden Vorbehaltsgüter der Ehegatten.

Güterrechtliche Lösung

Abwicklungsmethode für das ⇨ Ehegattenerbrecht. Schlägt der Ehegatte in der Zugewinngemeinschaft die Erbschaft aus und wird er daher nicht Erbe, steht ihm gem. § 1371 II u. III i.V.m. §§ 1373 ff. eine Ausgleichsforderung i.H.d. tatsächlich erzielten Zugewinns gegen die Erben zu.

Güterstand
[§§ 1363 ff.]
★

Regelung über die Vermögensverteilung während und/oder nach der ⇨ Ehe. Möglich sind die ⇨ Zugewinngemeinschaft, die ⇨ Gütergemeinschaft und die ⇨ Gütertrennung. Erstere ist der Regelfall, die beiden anderen Güterstände müssen durch ⇨ Ehevertrag vereinbart werden.

Gütertrennung

Vertraglicher ⇨ Güterstand, bei welchem das beiderseitige Vermögen der Ehegatten getrennt ist und unabhängig verwaltet wird.

Gutgläubigkeit
[§ 932 II]
★

Schutzwürdigkeit aufgrund fehlenden Wissensstandes hinsichtlich einer Tatsache. Es ist stets festzulegen, auf welche Tatsache es ankommt, welcher Maßstab für den Wissensstand gilt und auf welchen Zeitpunkt es ankommt. Für die Gutgläubigkeit i.S.d. §§ 932-934 ist z.B. erforderlich, dass der Erwerber vom fehlenden Eigentum des Veräußerers (Tatsache) weder Kenntnis noch grob fahrlässige Unkenntnis (Maßstab) bei Übergabe (Zeitpunkt) hat. Bei Grundstücken (§ 892) schadet hingegen nur Kenntnis. Im Rahmen des ⇨ EBV (§§ 987 ff.) ist hingegen das fehlende Besitzrecht der relevante Bezugspunkt.

Haftung des Fahrzeugführers
[§ 18 StVG]

Der Führer eines Kfz haftet für Unfälle, die von dem von ihm geführten Fahrzeug (mit-)verursacht wurden. Im Gegensatz zur verschuldensunabhängigen ⇨ Haftung des Fahrzeughalters haftet er für vermutetes Verschulden, daher ist eine ⇨ Exkulpation möglich.

Haftung des Fahrzeughalters
[§ 7 StVG]

Der ⇨ Halter eines Kfz haftet für Unfälle, die von seinem Fahrzeug (mit-)verursacht wurden aus ⇨ Gefährdungshaftung, wenn der Schaden bei ⇨ Betrieb des Kfz eingetreten ist. Die Haftung des Halters ist bei ⇨ höherer Gewalt ausgeschlossen.

Haftung des gerichtlichen Sachverständigen [§ 839 a]

Deliktische Haftung des vom Gericht in einem Prozess zur Erstellung eines Gutachtens als Beweismittel benannten Sachverständigen gegenüber den Verfahrensbeteiligten.

Haftung mehrerer Personen [§ 840]

Sind mehrere Personen im Rahmen einer unerlaubten Handlung zum Schadensersatz verpflichtet, so haften sie dem Geschädigten als ⇨ Gesamtschuldner.

Haftungsausfüllende Kausalität ★

Ursachenzusammenhang zwischen Rechtsgutverletzung und Schaden (⇨ Kausalität).

Haftungsbegründende Kausalität ★

Ursachenzusammenhang zwischen ⇨ Handlung des Schädigers und Rechtsgutverletzung (⇨ Kausalität).

Haftungsbeschränkung [z.B. §§ 300, 521, 599, 680, 690, 708, 968, 1359, 2131]

Rechtsgeschäftliche oder gesetzliche Modifizierung des Verschuldensmaßstabs, sodass nicht bereits jede Fahrlässigkeit eine Haftung begründet.

Haftungsschaden

Schaden, der dem Besitzer einer Sache bei ihrer Beschädigung dadurch entsteht, dass der Besitzer dem Eigentümer gegenüber zum Schadensersatz verpflichtet ist (z.B. i.d.R. beim ⇨ Leasing).

Haftungsverband einer Hypothek/ Grundschuld
[§§ 1120 ff.]

Umfang der Haftung eines Grundstückseigentümers i.R.d. Zwangsvollstreckung. In den Haftungsverband fallen das Grundstück mit seinen ungetrennten Bestandteilen. ⇨ Wesentliche Bestandteile fallen stets in den Haftungsverband, andere Bestandteile nur dann, wenn an ihnen keine Sonderrechte bestehen. Die Haftung erstreckt sich auch auf die vom Grundstück getrennten ⇨ Erzeugnisse und die sonstigen vom Grundstück getrennten Bestandteile, sowie im Eigentum des Grundstückseigentümers stehendes ⇨ Zubehör. Ein Ausscheiden aus dem Haftungsverband ist durch ⇨ Enthaftung möglich.

Haltbarkeitsgarantie
[§ 443 II]

⇨ Garantie dafür, dass die Sache nicht nur zu einem bestimmten Zeitpunkt eine bestimmte Beschaffenheit hat, sondern diese auch für eine bestimmte Dauer behält.

Halter eines Kfz
[§ 7 StVG]
★

Derjenige, der das Fahrzeug für eigene Rechnung in Gebrauch hat und die für den Gebrauch erforderliche Verfügungsgewalt besitzt.

Dies ist i.d.R. der Eigentümer, bei längerer Gebrauchsüberlassung kann es jedoch auch der Mieter oder ⇨ Leasingnehmer sein.

Halterhaftung

⇨ Haftung des Fahrzeughalters

Handelsgeschäfte
[§§ 343 ff. HGB]

Geschäfte eines Kaufmanns, die zum Betrieb seines ⇨ Handelsgewerbes gehören. Alle von einem Kaufmann vorgenommenen Geschäfte gelten im Zweifel als Handelsgeschäfte.

Handelsgewerbe
[§§ 1 ff. HGB]
★

Jeder Gewerbebetrieb (⇨ Gewerbe), es sei denn, dass das Unternehmen nach Art oder Umfang einen in kaufmännischer Weise eingerichteten Geschäftsbetrieb nicht erfordert (§ 1 II HGB). Gem. § 2 HGB gilt darüber hinaus jedes im Handelsregister eingetragene gewerbliche Unternehmen als Handelsgewerbe, selbst wenn es nicht schon nach § 1 II HGB Handelsgewerbe ist. Land- und forstwirtschaftliche Unternehmen gelten als Handelsgewerbe, wenn sie gem. § 3 II i.V.m. § 2 HGB in das Handelsregister eingetragen wurden.

Handelskauf
[§§ 373 ff. HGB]

Kaufvertrag i.S.d. §§ 433 ff. über Waren oder Wertpapiere, der für mindestens einen Vertragspartner ein ⇨ Handelsgeschäft (§ 345 HGB) ist.

Handelsregister
[§§ 8 ff. HGB]

Öffentliches Verzeichnis bestimmter für den Handelsverkehr rechtserheblicher Tatsachen und Rechtsverhältnisse. Es dient der Offenlegung der wichtigsten Rechtsverhältnisse eines Kaufmanns (⇨ Publizität des Handelsregisters).

Handelsregister-eintragungen

Eintragungen im Handelsregister haben in der Regel nur ⇨ deklaratorischen Charakter, d.h. sie wirken lediglich rechtsbekundend. In besonderen Fällen kommt ihnen rechtsbegründende (⇨ konstitutive) Wirkung zu (z.B. Entstehung der GmbH und der AG).

Handlung
★

Handeln ist jedes menschliche Verhalten, das der Bewusstseinskontrolle und Willenslenkung unterliegt, also beherrschbar ist. Beherrschbarkeit fehlt bei Reflexbewegungen, bei Bewegungen im Schlaf oder im Zustand der Bewusstlosigkeit sowie bei Verhalten, das mit unwiderstehlicher Gewalt erzwungen wurde. Fallgruppen sind Tun, Dulden und pflichtwidriges, also trotz einer Einschreitenspflicht geschehenes Unterlassen.

Handlungsstörer

Fallgruppe des ⇨ Störers, siehe dort.

Handlungswille

Bewusstsein, eine willensgetragene ⇨ Handlung vorzunehmen. Grundvoraussetzung für eine ⇨ Willenserklärung. Fehlt dem Erklärenden der Handlungswille, wird ihm die Erklärung nicht zugerechnet. Es liegt bereits tatbestandlich keine Willenserklärung vor.

Hauptleistungspflichten

Pflichten, derentwegen der Vertrag geschlossen wurde. Bei gegenseitigen Verträgen stehen die Hauptleistungspflichten im Gegenseitigkeitsverhältnis (⇨ Synallagma). Jede Partei hat ihre Pflicht nur übernommen, um dafür die Gegenleistung zu erhalten. Die Abgrenzung zu Nebenleistungspflichten ist insbes. für die ⇨ Einrede des nichterfüllten Vertrags gem. § 320 bedeutsam.

Hauptsache
[§ 947 II]

Eine Hauptsache liegt vor, wenn nach der Verkehrsauffassung die übrigen Bestandteile fehlen können, ohne dass das Wesen der Sache dadurch beeinträchtigt wird.

Haustürsituation

Fallgruppe des ⇨ außerhalb von Geschäftsräumen geschlossenen Vertrags. Der Unternehmer sucht den Verbraucher zu Hause auf und es kommt „an der Haustür" zum Vertragsschluss. Wird mitunter auch im weiteren Sinne als Synonym benutzt, weil bis 2014 die Vorgängernorm zu § 312 b enger gefasst war und nur derartige Situationen erfasst hat.

Heilung

Vgl. ⇨ Form

Hemmung der Verjährung [§ 209]

Hinderungsgrund für den Eintritt der ⇨ Verjährung, der dazu führt, dass die Zeit der Hemmung in die Verjährungsfrist nicht mit eingerechnet wird. Hemmungsgründe sind insbesondere Verhandlungen zwischen Schuldner und Gläubiger über den Anspruch (§ 203) und Rechtsverfolgungsmaßnahmen (§ 204 I).

Herausgabe des Erlangten [§§ 812 ff.] ★

Bereicherungsansprüche führen grds. dazu, dass der Bereicherte das durch die Bereicherung Erlangte (⇨ erlangtes Etwas) herauszugeben hat. Die Herausgabepflicht umfasst auch ⇨ Nutzungen und Surrogate, § 818 I. Ist eine Herausgabe nach der Natur des Erlangten von vornherein oder wegen nachträglicher Umstände unmöglich, so ist Wertersatz zu leisten, § 818 II.

Herrenlosigkeit ★

Sache ohne Eigentümer. An einer Sache bestand bisher kein Eigentum oder an einer Sache vorhandenes Eigentum wurde durch ⇨ Dereliktion gem. § 959 aufgegeben oder der Eigentümer hat nach § 960 II u. III an gefangenen wilden Tieren unfreiwillig den Besitz verloren.

Hersteller [§ 950] ★

Hersteller ist derjenige, in dessen Namen und wirtschaftlichem Interesse die Herstellung nach der Verkehrsanschauung und unter Zugrundelegung objektiver Kriterien erfolgt. In einer Fabrik ist Hersteller daher der Fabrikeigentümer und nicht der Arbeiter am Band. Es ist umstritten, ob abweichend hiervon eine andere Definition des Herstellerbegriffes verabredet werden kann.

Hersteller eines Produktes (ProdHaftG)

Hersteller i.S.d. ProdHaftG ist jeder, der das Endprodukt, einen Grundstoff oder ein Teilprodukt des fehlerhaften Produkts hergestellt hat. Gem. § 4 I 2 ProdHaftG sind Quasi-Hersteller den Herstellern gleichzusetzen. Quasi-Hersteller ist derjenige, der ein fremdes Produkt mit eigenem Namen oder Warenzeichen versieht und sich damit als Hersteller dieses Produkts ausgibt. Ebenso gilt der Importeur von Produkten als Hersteller, vgl. § 4 II ProdHaftG.

Hinterlegung

Ablieferung von Geld, Wertpapieren und sonstigen Urkunden oder sonstigen Kostbarkeiten bei einer öffentlichen Hinterlegungsstelle oder Hinterlegungskasse zur Aufbewahrung bis zur Herausgabe an einen berechtigten Empfänger. Gründe für die Hinterlegung sind: Erfüllungssurrogat (§§ 372 ff.), Hinterlegung als unmittelbar geschuldete Leistung (vgl. z.B. §§ 432 I S. 2, 660 II, 1077 I S. 2, 1281 S. 2, 2039 S. 2, 2114 S. 2) und die Hinterlegung als Sicherheitsleistung (§ 108 ZPO).

Historische Auslegung

Ermittlung des Inhalts einer Norm anhand ihrer geschichtlichen Entwicklung (Unterfall: genetische Auslegung: Ermittlung des

Inhalts einer Norm nach dem ursprünglichen Willen des Gesetzgebers bei Erlass des Gesetzes).

Höchstpersönliches Rechtsgeschäft ★

⇨ Rechtsgeschäft, beim welchem eine ⇨ Stellvertretung nicht zulässig ist, z.B. Schließung der ⇨ Ehe, ⇨ Verfügungen von Todes wegen.

Höhere Gewalt ★

Außergewöhnliches betriebsfremdes, von außen durch elementare Naturkräfte oder Handlungen dritter Personen herbeigeführtes Ereignis, das nach menschlicher Einsicht und Erfahrung nicht vorhersehbar ist und mit wirtschaftlich erträglichen Mitteln auch durch die äußerste, vernünftigerweise zu erwartende Sorgfalt nicht verhütet oder unschädlich gemacht werden kann. Kurz: von außen kommend, unvorhersehbar, unabwendbar. Kann Ansprüche aus Gefährdungshaftung ausschließen (vgl. § 7 II StVG) oder haftungsbeschränkend wirken (§ 651 j II 2, 3). Eine Haftung trotz höherer Gewalt besteht ausnahmsweise im Schuldnerverzug (§ 287) oder bei Sachentziehung (§ 848).

Holschuld ★

Sowohl ⇨ Leistungs- als auch ⇨ Erfolgsort liegen beim Schuldner.

Hypothek
[§§ 1113 ff.]

Belastung eines oder mehrerer Grundstücke in der Weise, dass der Eigentümer die Zwangsvollstreckung in das Grundstück dulden muss. Im Gegensatz zur ⇨ Grundschuld handelt es sich bei der Hypothek um ein akzessorisches Grundpfandrecht (⇨ Akzessorietät).

Hypothekenbestellung
(⇨ Ersterwerb)
★

Setzt voraus: Einigung zwischen Gläubiger und Grundstückseigentümer; Eintragung der Hypothek in das Grundbuch; Bestehen der zu sichernden Forderung in der Person des Hypothekengläubigers; Übergabe des Hypothekenbriefs (sofern nicht Brieferteilung gem. § 1117 wirksam ausgeschlossen wurde) und ⇨ Berechtigung des Bestellers. ⇨ Erwerb vom Nichtberechtigten ist möglich.

Hypotheken-
übertragung
(⇨ Zweiterwerb)
★

Erfolgt gem. § 1154, indem die gesicherte Forderung formgerecht abgetreten wird, mit der Folge, dass die Hypothek gem. §§ 1153, 401 kraft Gesetzes auf den Erwerber übergeht (⇨ Forderungsübergang). Für die ⇨ Briefhypothek genügt schriftliche Abtretungserklärung und Übergabe des Hypothekenbriefs; gem. § 1154 II kann die Schriftform der Abtretung durch die Eintragung der Abtretung in das Grundbuch ersetzt werden. Zur Übertragung einer ⇨ Buchhypothek ist gem. § 1154 III die Eintragung der Abtretung in das Grundbuch erforderlich. Der Abtretende muss Inhaber der Forde-

AB CD EF GH IJK LM NO PQ RS TU VW XYZ

rung und Inhaber der Hypothek sein, nur dann ist er berechtigt. ⇨ Erwerb vom Nichtberechtigten ist aber möglich.

Idealverein

Auf Dauer angelegter, körperschaftlich organisierter Zusammenschluss von Personen zu einem gemeinsamen (i.d.R. nicht wirtschaftlichen) Zweck.

Ikea-Klausel
[§ 434 II]

Umgangssprachliche Bezeichnung für die Vorschrift des § 434 II, s. dazu ⇨ Montageanleitung, mangelhafte.

Im Verkehr erforderliche Sorgfalt
[§ 276 II]
★

Diese bestimmt sich anhand eines objektiv typisierten Maßstabs, bei dem das Alter und die Zugehörigkeit zu einem bestimmten Verkehrskreis zu berücksichtigen sind. Erforderlich ist diejenige Sorgfalt, die zum Handlungszeitpunkt nach dem Urteil besonnener und gewissenhafter Angehöriger des jeweiligen Verkehrskreises zu beachten ist. Besondere individuelle Kenntnisse und Fähigkeiten erhöhen den zu beachtenden Sorgfaltsmaßstab.

Immobiliar-Verbraucherdarlehensvertrag
[§ 491 III]

⇨ Verbraucherdarlehensvertrag

In Ausführung der Verrichtung
[§ 831]
★

Der ⇨ Verrichtungsgehilfe handelt in Ausführung der Verrichtung, wenn ein unmittelbarer innerer Zusammenhang zwischen der aufgetragenen Verrichtung und der schädigenden Verletzungshandlung besteht und das Verhalten des Verrichtungsgehilfen nicht aus dem Kreis oder allgemeinen Rahmen der ihm anvertrauten Aufgabe herausfällt. Ein Handeln des Verrichtungsgehilfen „bei Gelegenheit" reicht nicht aus.

In fremdem Namen

Siehe ⇨Offenkundigkeitsprinzip

Inanspruchnahme von besonderem persönlichem Vertrauen
[§ 311 III 2]

Der Vertreter/Sachwalter bietet eine von ihm persönlich ausgehende Gewähr für die Erfüllung des Geschäfts, die für den Willensentschluss des anderen Teils bedeutsam ist. Eine besondere persönliche Sachkunde reicht dagegen für die Begründung eines Schuldverhältnisses nicht aus.

Ingerenz

(lat.) „ingerere": sich einmischen. Pflichtwidriges Vorverhalten, das eine ⇨ Verkehrssicherungspflicht für den dadurch geschaffenen Zustand begründet.

Inhaberpapier

⇨ Wertpapier, das auf den Inhaber lautet und diesen legitimiert. Der ⇨ Besitz des Papieres begründet die widerlegbare Vermutung für die materielle Berechtigung des Inhabers. Die Übertragung von Papier und Recht erfolgt durch Übereignung des Papiers nach §§ 929 ff. (Merke: Das Recht aus dem Papier folgt dem Recht an dem Papier). Zu den Inhaberpapieren zählt u.a. der Überbringer-Scheck zur Verrechnung.

Inhaltsirrtum
[§ 119 I Var. 1]

Willensmangel, bei dem der Erklärende eine fehlerhafte Vorstellung von Inhalt oder Tragweite der von ihm abgegebenen ⇨ Willenserklärung hat. Die Erklärung entspricht dem Willen des Erklärenden, er täuscht sich aber über die Bedeutung der Erklärung (Merke: Der Erklärende weiß, was er sagt, weiß aber nicht, was er damit sagt.).

Inhaltskontrolle (von AGB)
[§§ 307 ff.]
★

Gem. §§ 307–309 unterliegen ⇨ allgemeine Geschäftsbedingungen einer Inhaltskontrolle. Es ist zwischen Klauselverboten ohne Wertungsmöglichkeit (§ 309) und mit Wertungsmöglichkeit (§ 308) zu unterscheiden. Bei AGB, die gegenüber einem ⇨ Unternehmer verwendet werden, richtet sich die Inhaltskontrolle gem. § 310 I ausschließlich nach der Generalklausel des § 307, wobei gem. § 310 I 2 die §§ 308, 309 Indizwirkung für einen Verstoß entfalten.

Innenvollmacht

Siehe ⇨ Vollmacht (Erteilung)

Insichgeschäft
[§ 181]
★

Rechtsgeschäft, das eine Person mit sich selbst vornimmt. Nur i.R.d. ⇨ Stellvertretung denkbar, wenn formal für eine Partei ein Vertreter handelt, der selbst die andere Partei ist. Zu unterscheiden sind das Selbstkontrahieren (die Vornahme eines Rechtsgeschäfts durch den Vertreter im eigenen Namen mit dem von ihm Vertretenen) und die Mehrfachvertretung (Vornahme eines Rechtsgeschäfts durch den Vertreter im Namen eines von ihm Vertretenen gegen einen anderen von ihm Vertretenen). Beides ist gem. § 181 rechtlich ausgeschlossen (der Vertreter handelt ohne Vertretungsmacht), soweit das Rechtsgeschäft nicht der Erfüllung einer Verbindlichkeit dient oder ⇨ lediglich rechtlich vorteilhaft ist.

Integritätsinteresse
★

Interesse des Eigentümers an der Erhaltung einer Sache im einwandfreien Zustand. Die Verletzung des Integritätsinteresses stellt eine Eigentumsverletzung i.S.d. § 823 I dar. Bei der Lieferung mangelhafter Sachen kann die Abgrenzung zum ⇨ Äquivalenzinteresse problematisch sein. Es gelten die Grundsätze über ⇨ weiterfressende Mängel.

Integritätszuschlag
★

Einschränkung des schadensersatzrechtlichen Wirtschaftlichkeitspostulats i.R.d. Schadensersatzes gem. § 249 II. Bei der Reparatur von Kfz-Schäden dürfen die Reparaturkosten danach bis zu 130%

des Wiederbeschaffungswerts betragen, ohne dass der Geschädigte auf die Anschaffung eines gleichwertigen Autos anstatt der Reparatur verwiesen werden darf.

Interessewegfall
[§§ 281 I 2, 323 V 1]

Ein Interessewegfall liegt vor, wenn die Erbringung der Teilleistung gegen eine entsprechende Gegenleistung für den Gläubiger ohne Interesse ist. Auf den Interessewegfall muss sich der Gläubiger berufen und ihn ggf. beweisen, während die ⇨ Unerheblichkeit durch den Schuldner dargelegt und bewiesen werden muss.

Interventionsrecht
[§ 771 ZPO]
★

Synonym für ein „die Veräußerung hinderndes Recht" i.S.d. § 771. Gemeint ist ein Recht, dass eine Veräußerung des Gegenstands durch den Vollstreckungsgläubiger an einen Dritten gegenüber dem klagenden Vollstreckungsschuldner als rechtswidrig erscheinen lassen würde. Denn es existiert kein Recht, dass eine Veräußerung verhindern kann, nicht einmal das Eigentum, vgl. §§ 932 ff.

---

invitatio ad offerendum
★

(lat.) „Aufforderung zur Angebotsabgabe": Die bloße invitatio ad offerendum ist abzugrenzen von einem mit ⇨ Rechtsbindungswillen abgegebenen Angebot. Der Rechtsbindungswille fehlt i.d.R., wenn der Handelnde andernfalls ein Warenkapazitätsproblem hätte (Beispiel: Schaufensterauslage).

Divergenz zwischen objektiv Erklärtem und subjektiv Gewolltem.

Irrtum ★

Irrtumsanfechtung [§ 119]

Unterliegt der Erklärende einem ⇨ Erklärungsirrtum oder einem ⇨ Inhaltsirrtum ist die ⇨ Willenserklärung zwar wirksam, der Erklärende kann sie aber durch Anfechtung mit ex tunc-Wirkung vernichten (§ 142 I), muss dann aber ggf. dem gutgläubigen Erklärungsempfänger das ⇨Vertrauensinteresse ersetzen (§ 122).

Juristische Person

Zweckgebundene Organisation, der die Rechtsordnung Rechtsfähigkeit verliehen hat und die damit wie eine ⇨ natürliche Person am Rechtsverkehr teilnehmen kann. Im Unterschied zu rechtsfähigen ⇨ Gesamthandsgemeinschaften ist die juristische Person selbstständiges Rechtssubjekt, das nicht durch seine Mitglieder, sondern durch eine eigene Handlungsorganisation (Drittorganschaft) vertreten wird.

Kalkulationsirrtum ★

Irrtum über Berechnungsgrundlagen, die dem Inhalt einer ⇨ Willenserklärung zugrunde liegen. Ein einseitiger (interner) Kalkulationsirrtum des Erklärenden ist ein unbeachtlicher ⇨ Motivirrtum. Auch wenn der Erklärungsempfänger den Kalkulationsirrtum erkannt hat, besteht keine Berechtigung zur Anfechtung. Bei beiderseitigem Kalkulationsirrtum kann eine Korrektur des Rechtsgeschäfts nach den Regeln über die ⇨ Störung der Geschäftsgrundlage (§ 313) erfolgen.

Kapitalgesellschaft

Körperschaft des privaten Rechts mit eigener Rechtspersönlichkeit, also ⇨ juristische Person. Die Gesellschafter haften grundsätzlich nicht für die Schulden der Gesellschaft.

Kaufmann
[§ 1 HGB]

Der Betreiber eines ⇨ Handelsgewerbes.

Kaufmännisches Bestätigungsschreiben
★

Schreiben, mit dem im kaufmännischen Verkehr ein Vertragsschluss bestätigt wird. Die Parteien müssen Kaufleute sein oder zumindest wie Kaufleute in größerem Umfang am Wirtschaftsleben teilnehmen, Vertragsverhandlungen geführt haben und in dem Schreiben muss ein Vertragsschluss bestätigt werden. Ferner muss das Schreiben den wesentlichen Inhalt des Vertrags wiedergeben, dem Vertragspartner in engem zeitlichen Zusammenhang mit den Verhandlungen, zugegangen sein und der Empfänger darf nicht unverzüglich widersprochen haben. Der Vertrag kommt mit dem Inhalt zustande, wie er im Bestätigungsschreiben niedergelegt ist.

Kaufvertrag [§§ 433 ff.]

Im Gegenseitigkeitsverhältnis (⇨ Synallagma) stehender schuldrechtlicher Vertrag, durch den die Vertragsparteien (Verkäufer und Käufer) eine Verpflichtung zum Austausch eines Kaufgegenstandes gegen Hingabe des Kaufpreises begründen.

Kausales Schuldanerkenntnis

Synonym für ⇨ deklaratorisches Schuldanerkenntis

Kausalität ★

Zusammenhang von Ursache und Wirkung. Eine Ursache ist i.S.d. ⇨ Äquivalenztheorie kausal, wenn sie ⇨ conditio sine qua non ist. Die weitreichende Kausalität i.S.d. Äquivalenztheorie wird durch die Erforderlichkeit von ⇨ Adäquanz eingeschränkt. Die Schadensersatzhaftung setzt voraus, dass zwischen dem Verhalten des Schädigers und dem schädigenden Ereignis ⇨ haftungsbegründende Kausalität und zwischen dem schädigenden Ereignis und dem Schaden ⇨ haftungsausfüllende Kausalität besteht.

Kausalzusammenhang

Synonym für ⇨ Kausalität

Kleiner Schadensersatz

Siehe ⇨ Schadensersatz statt der ganzen Leistung

Knebelung [§ 138]
Erhebliche Einschränkung (Beraubung) der wirtschaftlichen Dispositionsfreiheit eines Vertragspartners, z.B. Ankündigung des Vaters eines Neugeborenen, die Mutter zu verlassen, wenn sie nicht einen Ehevertrag unterzeichnet, der deutlich zu ihrem Nachteil ausfällt.

Kollusion ★
Nutzung einer im Außenverhältnis bestehenden Vollmacht unter Nichteinhaltung von Beschränkungen aus dem der Vertretungsmacht im Innenverhältnis zugrunde liegenden Rechtsverhältnis. Handeln Vertreter und Geschäftsgegner kollusiv in der Absicht zusammen, den Vertretenen zu schädigen, so ist das Vertretergeschäft sittenwidrig (§ 138).

Kommanditgesellschaft (KG) ★
⇨ Personengesellschaft, deren Zweck (wie bei der ⇨ offenen Handelsgesellschaft) der Betrieb eines ⇨ Handelsgewerbes ist. Mindestens einer ihrer Gesellschafter, der Kommanditist, haftet aber nicht persönlich, sondern nur mit einem festgelegten Kommanditanteil. Die persönlich haftenden Gesellschafter heißen Komplementäre.

Kommanditist
Siehe ⇨ Kommanditgesellschaft

Komplementär
Siehe ⇨ Kommanditgesellschaft

Vereinigung von Forderungsinhaberschaft und Schuld in einer Person durch Rechtsnachfolge des Schuldners in die Forderungsinhaberschaft oder des Gläubigers in die Schuldnerstellung.

Konfusion

★

Tun mit dem unmittelbar ein anderer Zweck als der Ausdruck eines Rechtsfolgewillens verfolgt wird, bei dem aber aus den Begleitumständen geschlossen werden kann, dass es mittelbar einen solchen Willen ausdrückt.

Konkludente Erklärung

★

Beschränkung der Leistungspflichten bei einer Gattungsschuld auf bestimmte, individuelle Sachen (⇨ Stückschuld). Tritt ein, wenn der Schuldner das ⇨ seinerseits Erforderliche zur Leistung einer Sache mittlerer Art und Güte aus der geschuldeten Gattung getan hat (§ 243 II). Folge der Konkretisierung ist der Übergang der Sachgefahr (§§ 243 II, 300 II) auf den Gläubiger.

Konkretisierung

[§ 243 II]

★

Entstammung zweier gegenseitiger Ansprüche aus einem einheitlichen, innerlich zusammenhängenden Lebensverhältnis nebst natürlichem und wirtschaftlichem Zusammenhang.

Konnexität

[§ 273 I]

★

(lat.) „Übereinstimmung": Gegenteil zu ⇨ Dissens

Konsens

★

Konstitutiv ★	(lat.) „rechtsbegründend“: Durch einen konstitutiven Akt wird ein Rechtserfolg begründet. Beispiel: Eine GmbH entsteht erst mit Eintragung ins Handelsregister. Gegenteil: ⇨ deklaratorisch
Konstitutives Schuldanerkenntnis	Siehe ⇨ Schuldanerkenntnis
Kontrahierungszwang	Pflicht zum Vertragsschluss, insbesondere wegen Monopolstellung des Verpflichteten oder besonderer Schutzwürdigkeit der anderen Seite (z.B. § 22 PersBefG, § 5 II PflichtVersG, §§ 48, 49 BRAO).
Kopplungsgeschäft [§§ 492 a f.]	Gerichtet auf den Erwerb eines weiteren Finanzprodukts oder -dienstleistung als Voraussetzung für den Abschluss eines ⇨ Immobiliar-Verbraucherdarlehensvertrags. Gemäß § 492 a I 1 u. II grundsätzlich unzulässig und nichtig.
Körperverletzung [§ 823] ★	Äußerer Eingriff in die körperliche Unversehrtheit eines Menschen. Auch ein ärztlicher Heileingriff ist eine Körperverletzung, deren Rechtswidrigkeit im Falle einer (mutmaßlichen) Einwilligung nach vorheriger Aufklärung (§§ 630 d, 630 e) entfällt.

Kostenanschlag
[§ 650;
ab dem 01.01.2018: § 649]

(Umgangssprachlich auch Kostenvoranschlag) Unverbindliche fachmännische Berechnung der voraussichtlichen Kosten der Erstellung eines Werkes. Ein Kostenanschlag ist nach der gesetzlichen ⇨ Auslegungsregel des § 632 III im Zweifel nicht zu vergüten. Garantiert der Werkunternehmer die Summen des Kostenanschlags (Festpreis), kann er höchstens diese verlangen. Übernimmt er keine Garantie und ergibt sich, dass das Werk nicht ohne wesentliche Überschreitung des Anschlags ausführbar ist (eine solche wird bei etwa 20% angenommen), hat der Unternehmer den ⇨ Besteller unverzüglich davon zu unterrichten (§ 650 II).

Kündigung

⇨ Gestaltungserklärung, durch die ein ⇨ Dauerschuldverhältnis für die Zukunft einseitig beendet wird. Ein Recht zur ordentlichen Kündigung besteht allgemein bei unbefristeten Dauerschuldverhältnissen. Ein Recht zur außerordentlichen (fristlosen) Kündigung setzt dagegen einen ⇨ wichtigen Grund voraus, vgl. § 314.

Leasing
★

Vertrag, aufgrund dessen der Leasinggeber Wirtschaftsgüter gegen Zahlung eines monatlichen Entgelts (Leasingraten) dem Leasingnehmer zum Gebrauch überlässt. Im Unterschied zum ⇨ Mietvertrag trägt jedoch regelmäßig der Leasingnehmer die Lasten für die Instandhaltung und auch die Gefahr für Untergang und Beschädigung. Die Risikoverteilung ist ähnlich dem ⇨ Kaufvertrag.

Leasinggeber

Siehe ⇨ Leasing

Leasingnehmer

Siehe ⇨ Leasing

Lebenspartnerschaft (eingetragene) [LPartG]

Dauerhafte Partnerschaft gleichgeschlechtlicher Personen. Die Lebenspartner können wie Eheleute den Güterstand der ⇨ Zugewinngemeinschaft wählen (§ 6 LPartG); die §§ 1364–1390 gelten entsprechend. Alternativ können die Partner durch notariellen Lebenspartnerschaftsvertrag einen anderen Güterstand vereinbaren. Die Partner haben die Möglichkeit, einen gemeinsamen Familiennamen zu wählen; auch ein Doppelname ist zulässig.

Lediglich rechtlich vorteilhaft [§ 107] ★

Geschäft, durch das keine Rechtsnachteile eintreten. Rein wirtschaftliche Nachteile sind irrelevant. Nicht erfasst werden Rechtsnachteile, die nach ihrer abstrakten Natur typischerweise keine Gefährdung mit sich bringen, z.B. die ⇨ Schenkung und ⇨ Übereignung eines mit einer ⇨ Grundschuld belasteten ⇨ Grundstücks, weil für die Grundschuld nur das Grundstück haftet. Rechtlich neutrale Geschäfte sind nach h.M. ebenfalls rechtlich vorteilhaft.

Die in einer Rechtsnorm beschriebene Begriffsbestimmung eines zumeist in Klammern angeführten Begriffs (z.B. § 194 I „Anspruch“).	**Legaldefinition** ★
Synonym für ⇨ cessio legis	**Legalzession**
Vertrag, durch den sich der Verleiher einer (beweglichen oder unbeweglichen) Sache verpflichtet, dem Entleiher den Gebrauch der Sache unentgeltlich zu überlassen.	**Leihe (Leihvertrag)** [§§ 598 ff.]
Jede bewusste und zweckgerichtete Mehrung fremden Vermögens durch den Entreicherten. In Mehrpersonenverhältnissen bestimmt sich die Frage, ob eine Leistung vorliegt und wer Leistender ist, nach dem Empfängerhorizont des Zuwendungsempfängers.	**Leistung (Bereicherungsrecht)** [§§ 812 ff.] ★
Hierunter wird teilweise die Leistungshandlung verstanden (§§ 241, 269), teilweise aber auch der Leistungserfolg (§ 362).	**Leistung (i.S.d. Schuldrechts)**
Bewirkung einer anderen als der geschuldeten Leistung zum Zwecke der ⇨ Erfüllung der tatsächlich geschuldeten Leistung. Sie führt als ⇨ Erfüllungssurrogat zum Erlöschen der geschuldeten Leistung, wenn Gläubiger und Schuldner dies vereinbaren.	**Leistung an Erfüllungs statt** [§ 364 I] ★

Leistung erfüllungshalber [§ 364 II] ★

Bewirken einer anderen als der geschuldeten Leistung zu dem Zweck, dass der Gläubiger Befriedigung zunächst hieraus sucht. Kein ⇨ Erfüllungssurrogat. Während der Verwertungsphase besteht hinsichtlich der geschuldeten Leistung eine ⇨ Stundung.

Leistungsgefahr ★

Risiko des zufälligen Untergangs oder der zufälligen Verschlechterung des Leistungsgegenstandes. Liegt die Leistungsgefahr beim Schuldner, was insbesondere bei einer ⇨ Gattungs- oder ⇨ Geldschuld der Fall ist, so muss er Ersatz beschaffen bzw. die Leistungshandlung wiederholen, bis die Gefahr auf den Gläubiger übergeht.

Leistungskondiktion ★

Bereicherungsausgleich gem. §§ 812 ff., wenn die Bereicherung durch eine ⇨ Leistung eingetreten ist. Fälle: ⇨ condictio indebiti, § 812 I 1 Var. 1; ⇨ condictio ob causam finitam, § 812 I 2 Var. 1; ⇨ condictio causa data, causa non secuta, § 812 I 2 Var. 2; ⇨ condictio indebiti, § 813; ⇨ condictio ob turpem vel iniustam causam, § 817 S. 1

Leistungsort ★

Ort, an dem der Schuldner die Leistungshandlung vorzunehmen hat. (Beachte: In §§ 447 I, 448 I, 644 II, §§ 29, 1005 ZPO wird der Leistungsort als ⇨ Erfüllungsort bezeichnet). Der Leistungs-/Erfüllungsort ist vom ⇨ Erfolgsort zu unterscheiden, an dem der Erfolg der geschuldeten Leistung eintritt.

Leistungsstörung

Sammelbezeichnung für die Fälle der Verletzung von Pflichten aus einem Schuldverhältnis (⇨ Pflichtverletzung). Leistungsstörungen des allgemeinen Schuldrechts sind ⇨ Unmöglichkeit, ⇨ Verzug, Nichtleistung nach Setzung einer ⇨ Frist, Schlechtleistung und Verletzung sonstiger (Neben-)Pflichten.

Leistungsverweigerung
[§§ 281 II, 286 II, 323 II]

Der Schuldner bringt eindeutig zum Ausdruckt, dass er seinen Vertragspflichten nicht nachkommen wird, sodass es ausgeschlossen erscheint, dass er sich von einer Nachfristsetzung umstimmen lässt.

Leistungszeit
[§ 271]

Zeitpunkt, zu dem eine Leistung vom Gläubiger verlangt (⇨ Fälligkeit) und vom Schuldner bewirkt werden kann (⇨ Erfüllbarkeit).

---

lex posterior derogat legi priori

(lat.) „Das später erlassene Gesetz geht dem älteren vor."

---

lex specialis derogat legi generali

(lat.) „Das besondere Gesetz geht dem allgemeinen vor."

Lieferant
[§ 445 a I 1. Inkrafttreten am 01.01.2018]
★

Derjenige, von dem der Verkäufer eine neu hergestellten ⇨ Sache seinerseits zuvor gekauft hat.

Luxustier
[§ 833]

Tier, das nicht als Haustier anzusehen oder nicht der Berufstätigkeit des Tierhalters zu dienen bestimmt ist.

Luxusverwendungen
[§§ 994, 996]

⇨ Verwendungen, die weder zu den ⇨ notwendigen, noch zu den ⇨ nützlichen Verwendungen zählen.

Mahnung
[§ 286]
★

Die an den Schuldner gerichtete eindeutige und bestimmte Aufforderung, die geschuldete fällige Leistung zu erbringen. Keine ⇨ Willenserklärung, aber ⇨ geschäftsähnliche Handlung.

Maklervertrag
[§ 652]

Vertrag, durch welchen der Auftraggeber verspricht, dem Makler für den Nachweis der Gelegenheit zum Abschluss eines Vertrags oder für die Vermittlung eines Vertrags einen Lohn (Mäklerlohn) zu zahlen. Der typische Maklervertrag begründet für den Makler keine Verpflichtung zum Tätigwerden.

Mangel

Siehe ⇨ Rechtsmangel und ⇨ Sachmangel

Mängeleinrede [§ 320]

Einrede des Käufers einer mangelhaften Sache, die er gegen die Kaufpreisforderung geltend machen kann. Der Käufer muss die Kaufpreiszahlung (§ 433 II Var. 1) nur Zug-um-Zug gegen die Nacherfüllung (§§ 437 Nr. 1, 439) erbringen. Hat der Käufer bei Verjährung der Mängelansprüche noch nicht gezahlt, steht ihm die ⇨ Rücktrittseinrede nach § 438 IV 2 zu.

Mangelfolgeschaden ★

Schaden an anderen Rechtsgütern als der Kaufsache, der jedoch durch deren Mangelhaftigkeit verursacht wurde. Während der eigentliche ⇨ Mangelschaden nach den Regeln über den ⇨ Schadensersatz statt der Leistung ersatzfähig ist, wird der Mangelfolgeschaden als Schaden an anderen Rechtsgütern gem. §§ 437 Nr. 3, 280 I als Schadensersatz neben der Leistung ersetzt (str.).

Mangelschaden ★

Unmittelbarer durch den Mangel verursachter Schaden einer mangelhaften Kaufsache. Abzugrenzen vom ⇨ Mangelfolgeschaden.

Mankolieferung

Synonym für ⇨ Minderlieferung

Mehrfachvertretung

Siehe ⇨ Insichgeschäft

Mentalreservation
[§ 116 S. 1]

Synonym für ⇨ geheimer Vorbehalt

Merkantiler Minderwert
★

Wertminderung einer bei einem Unfall beschädigten Sache, die ihr auch nach vollständiger physischer Reparatur anhaftet. Besonders relevant im Zusammenhang mit Kfz-Schäden, da die Charakterisierung als Unfallwagen den Verkaufswert des Autos senkt.

Miete (Mietvertrag)
[§§ 535 ff.]

Gegenseitiger Vertrag, durch den sich der Vermieter zur Überlassung des Gebrauchs einer Sache, der Mieter zur Entrichtung der vereinbarten Miete verpflichtet. In Abgrenzung zur ⇨ Leihe ist die Miete entgeltlich. Bei der ⇨ Pacht wird nicht lediglich der Gebrauch, sondern auch das Recht zum Fruchtgenuss gewährt. Beim ⇨ Sachdarlehen muss die gleiche Sache, bei der Miete hingegen dieselbe Sache zurückgegeben werden.

Mieterhöhung
[§§ 557 ff.]

Recht des Vermieters, bei einem Wohnraummietvertrag durch einseitige formbedürftige Erklärung eine Erhöhung der Miete zu verlangen. Insbesondere kraft Gesetzes möglich bei ⇨ Mieterhöhung bis zur ortsüblichen Vergleichsmiete.

Mietmangel
[§ 536]

Die Mietsache ist mangelhaft, wenn die Ist-Beschaffenheit negativ von der Soll-Beschaffenheit abweicht (subjektiver Fehlerbegriff). Folge dieser Abweichung muss zudem eine Beeinträchtigung des vertragsgemäßen Gebrauchs sein.

Mietspiegel
[§§ 558 c f.]

Übersicht über die ortsübliche Vergleichsmiete, die für eine ⇨ Mieterhöhung maßgeblich ist. Der einfache Mietspiegel wird von der Gemeinde oder von Interessenvertretern von Mietern und Vermietern erstellt oder anerkannt. Bei einem qualifizierten Mietspiegel ist eine Erstellung nach anerkannten wissenschaftlichen Grundsätzen erforderlich. Gem. § 558 d III wird bei einem qualifizierten Mietspiegel vermutet, dass die Werte die ortsübliche Vergleichsmiete wiedergeben.

Minderjährigkeit
[§§ 1, 2]
★

Von ⇨ Vollendung der Geburt bis (ausschließlich) zur Vollendung des 18. Lebensjahres. Über die §§ 104, 106 Anknüpfungspunkt für die Regelungen über die ⇨ Geschäftsfähigkeit.

Minderlieferung
[§ 434 III Var. 2]

Der Verkäufer will mit seiner Lieferung erkennbar seine ganze Leistungsverpflichtung erfüllen, aber die Lieferung weicht nach Zahl, Maß oder Gewicht von der vereinbarten Menge ab. Die Lieferung gilt als mangelhaft, der Käufer hat Nacherfüllungsansprüche. Abzugrenzen von der absichtlichen ⇨ Teilleistung.

Minderung (Kauf- und Werkrecht)
[§§ 441, 638]
★

Anteilige Herabsetzung des Kaufpreises bzw. des Werklohns wegen eines Mangels. Das Gestaltungsrecht der Minderung wird durch eine ⇨ Willenserklärung geltend gemacht. Es müssen die Voraussetzungen des ⇨ Rücktritts vorliegen (§§ 441 I 1, 638 I 1: „statt zurückzutreten"). Ein Rückzahlungsanspruch ergibt sich aus §§ 441 IV, 346 f. bzw. §§ 638 IIV, 346 f.

Minderung (Mietrecht)
[§§ 536]
★

Herabsetzung der Miete wegen eines ⇨ Mietmangels von Gesetzes wegen, ohne Gestaltungserklärung. Die Rückzahlung bereits entrichteter Miete richtet sich nach den §§ 812 ff.

Minderung (Reiserecht)
[§ 651 d]

Herabsetzung des Reisepreises kraft Gesetzes bei Vorliegen eines Mangels. Die Rückzahlung richtet sich gem. § 651 d I 2 nach § 638 IV i.V.m. §§ 346 f.

Missbrauch der Vertretungsmacht
★

Willenserklärung im Rahmen der für das Außenverhältnis maßgeblichen Vertretungsmacht unter Nichteinhaltung von Beschränkungen aus dem der Vertretungsmacht im Innenverhältnis zugrunde liegenden Rechtsverhältnis. Bei ⇨ Kollusion ist das Geschäft gemäß § 138 nichtig. Im Übrigen ist nach h.M. eine Berufung auf die Vertretungsmacht dem Geschäftsgegner gem. § 242 verwehrt, wenn er den Missbrauch erkannt hat oder hätte erkennen müssen (Evidenz). Der Vertreter wird dann wie ein ⇨ Vertreter ohne Vertretungsmacht behandelt.

Missbräuchliche Ausnutzung einer formalen Rechtsstellung [§ 242]

Niemand darf ein ihm zustehendes Recht ohne Berücksichtigung auf berechtigte Interessen der Gegenseite in grob unbilliger und allein eigennütziger Weise ausüben (z.B. ⇨ Kündigung zur Unzeit).

Mitbesitz [§ 866]

Gemeinschaftlicher ⇨ Besitz mehrerer an einer Sache.

Mitbürgen [§ 769]

Mehrere Personen, die für die gleiche Forderung eine ⇨ Bürgschaft übernommen haben. Sie haften als ⇨ Gesamtschuldner.

Miteigentum

Gemeinsames Eigentum mehrerer Personen an einer Sache, in Form von Bruchteilseigentum (⇨ Bruchteilsgemeinschaft, §§ 1008 ff.) oder in Form von Gesamthandseigentum (⇨ Gesamthandsberechtigung).

Miteigentumsanteil [WEG]	Anteil eines einzelnen Wohnungseigentümers am gemeinschaftlichen Eigentum bei einer Wohnungseigentümergemeinschaft.
Mittäterschaft [§ 830]	Bewusstes und gewolltes Zusammenwirken mehrerer zur Herbeiführung eines Erfolges (§ 25 II StGB).
Mittelbare „Stellvertretung" ★	Rechtsgeschäftliches Handeln für Rechnung eines anderen, aber im eigenen Namen. Kein Fall der §§ 164 ff., da das ⇨ Offenkundigkeitsprinzip nicht gewahrt wird. Anders als bei der ⇨ Stellvertretung treffen den Handelnden die Rechte und Pflichten aus dem Rechtsgeschäft. Ist der Handelnden allerdings aufgrund eines ⇨ Auftrags mit dem anderen tätig geworden, so muss er dem anderen das Erlangte herausgeben und er kann Ersatz seiner ⇨ Aufwendungen verlangen, §§ 667, 670.
Mittelbare Sach- und Rechtsfrüchte [§ 99 III]	Mittelbare Sach- oder Rechtsfrüchte sind die Erträge, welche eine Sache oder ein Recht aufgrund eines auf Nutzung oder Gebrauch gerichteten Rechtsverhältnisses gewährt (z.B. Miete).
Mittelbarer Besitz [§ 868] ★	Besitz, der von dem ⇨ unmittelbaren Besitz eines anderen (des Besitzmittlers) abgeleitet wird. Voraussetzungen: unmittelbarer Besitz des Besitzmittlers, ⇨ Besitzmittlungsverhältnis zwischen dem

Besitzmittler und dem mittelbaren Besitzer sowie ⇨ Fremdbesitzerwille des Besitzmittlers

---

Mitverschulden
[§ 254]
★

Außerachtlassung der im eigenen Interesse gebotenen Sorgfalt, mit der ein verständiger Mensch handeln würde, um sich selbst vor ⇨ Schaden zu bewahren, durch den Geschädigten. Besteht es bei Schadenseintritt und/oder -entwicklung, so wird der Schaden gemindert. Ein Verschulden des ⇨ Erfüllungsgehilfen wird auch als Mitverschulden zugerechnet.

Montage, unsachgemäße
[§ 434 II 1]

Lieferung einer an sich mangelfreien Sache, die sich jedoch infolge der durch den Verkäufer vorgenommenen Montage nicht mehr für die gewöhnliche Verwendung eignet bzw. keine übliche Beschaffenheit mehr aufweist.

Montageanleitung, mangelhafte
[§ 434 II 2]

Mangelhaft ist eine Montageanleitung, wenn der (laienhafte) Käufer durch sie nicht in die Lage versetzt wird, die Sache fehlerfrei zu montieren. Eine mangelhafte Montageanleitung begründet einen Sachmangel der Kaufsache, es sei denn, die fehlerfreie Montage ist dem Käufer trotz mangelhafter Anleitung gelungen.

Motivirrtum

⇨ Willensmangel bei der Willensbildung im Vorfeld einer ⇨ Willenserklärung, der in fehlerhaften oder fehlgeschlagenen Erwartungen, Vorüberlegungen und anderen Gründen, die Veranlassung zur Abgabe der Willenserklärung waren, liegt. Ein einseitiger Motivirrtum ist unbeachtlich und berechtigt nicht zur Anfechtung. Ausnahmsweise beachtlich ist ein Motivirrtum nur als ⇨ Eigenschaftsirrtum gem. § 119 II. Bei beiderseitigem Motivirrtum kann eine ⇨ Störung der Geschäftsgrundlage (§ 313) vorliegen.

Mutter eines Kindes
[§ 1591]

Stets die Frau, die das Kind geboren hat (mater semper certa ist: [lat.] „Die Mutter ist immer gewiss.").

Nach Art oder Umfang in kaufmännischer Weise eingerichteter Gewerbebetrieb erforderlich
[§ 1 HGB]
★

Maßgeblich ist, ob der Betrieb nach Art (z.B. Vielfalt der Geschäftsgegenstände, Komplexität der Geschäftsvorgänge, Inanspruchnahme von Krediten und Teilnahme am Wechsel- und Scheckverkehr) oder Umfang (z.B. Umsatzhöhe, Anzahl der Beschäftigten, Höhe des Anlage- und Kapitalvermögens) im Gesamtbild einen in kaufmännischer Weise eingerichteten Betrieb erfordert.

Nacherbe
[§§ 2100 ff.]
★

Person, die erst Erbe wird, nachdem zunächst ein anderer (der ⇨ Vorerbe) Erbe geworden ist. Im ⇨ Nacherbfall wird der Nacherbe unmittelbarer Nachfolger des ⇨ Erblassers, nicht des Vorerben. Bereits mit dem ⇨ Erbfall erwirbt der Nacherbe ein ⇨ Anwartschaftsrecht an der Erbschaft. Der Vorerbe ist gesetzlich in seinen Verfügungsbefugnissen in gewissem Umfang beschränkt, sofern er nicht ausdrücklich von diesen Beschränkungen befreit wurde (sog. befreiter Vorerbe).

Nacherbfall

Vom Erblasser bestimmtes Ereignis oder Tod des ⇨ Vorerben, mit dem der Nachlass vom Vorerben auf den ⇨ Nacherben übergeht.

Nacherfüllung im Kaufrecht
[§ 439]

Vorrangiger Gewährleistungsanspruch des Käufers, nach seiner Wahl gerichtet auf die Beseitigung des Mangels oder die Lieferung einer mangelfreien Sache (§§ 437 Nr. 1, 439 I). Anspruch auf eine bestimmte Art der Nacherfüllung besteht nicht, wenn diese gem. § 275 I unmöglich ist oder der Verkäufer die vom Käufer gewählte Art der Nacherfüllung als unzumutbar verweigern kann (§§ 275 II u. III, 439 III [ab 01.01.2018: § 439 IV]).

Nacherfüllung im Werkrecht
[§ 635]

Endgültige Herstellung eines mangelfreien Werks durch Mangelbeseitigung oder Neuherstellung. Im Werkvertragsrecht besteht ein Nacherfüllungsanspruch des ⇨ Bestellers, bei dem der Unternehmer wählen kann, ob er den Mangel beseitigt oder das Werk neu herstellt (§ 635 I).

Nachfristsetzung [§§ 281, 323]

Aufforderung des Gläubigers, eine nicht oder nicht ordnungsgemäß erbrachte Leistung nunmehr innerhalb einer bestimmten, angemessenen Frist zu bewirken. Üblich ist die Angabe eines Zeitpunktes oder Zeitraums. Nach h.M. setzt aber auch eine ernsthafte Leistungsaufforderung ohne Angabe einer konkreten Frist und eine zu kurze Frist eine angemessene Frist in Gang.

Nachgeschalteter Eigentumsvorbehalt

Der Vorbehaltskäufer verkauft die Sache seinerseits unter Eigentumsvorbehalt weiter, ohne den ⇨ Eigentumsvorbehalt seinem Abkäufer offen zu legen.

Nachlass

Vermögen des ⇨ Erblassers, das mit dessen Tod als Ganzes auf die ⇨ Erben übergeht (⇨ Gesamtrechtsnachfolge). Zum Vermögen zählen die geldwerten Positionen des Erblassers, aber auch dessen Verbindlichkeiten. Nicht hingegen die persönlichkeitsbezogenen Rechte und Pflichten des Erblassers, z.B. die Mitgliedschaft in einem Verein (§ 38 S. 1).

Nachlasserbenschulden

Eigene Verbindlichkeiten des ⇨ Erben i.R.d. ordnungsgemäßen Verwaltung des Nachlasses.

Nachlassgläubiger

Personen, denen der ⇨ Erbe aufgrund von ⇨ Nachlassverbindlichkeiten verpflichtet ist.

Nachlassverbindlichkeiten
[§ 1967]

Alle Schulden, für die der ⇨ Erbe mit dem ⇨ Nachlass haftet (⇨ Erblasserschulden, ⇨ Erbfallschulden, ⇨ Erbschaftsverwaltungsschulden und ⇨ Nachlasserbenschulden).

Nachlassverwaltung

Nachlasspflegschaft zum Zweck der Befriedigung der ⇨ Nachlassgläubiger, mit der der ⇨ Erbe seine Haftung für die ⇨ Nachlassverbindlichkeiten auf den ⇨ Nachlass beschränken kann.

Name
[§ 12]

Der Name ist eine sprachliche Kennzeichnung einer Person zur Unterscheidung von anderen. Das Namensrecht ist ein ⇨ absolutes Recht. Siehe auch ⇨ Firma

---

Namensunterschrift
[§ 126]

Eine Namensunterschrift ist grds. mit dem Familiennamen zu leisten; der Vorname ist auch bei Verwechselungsgefahr entbehrlich. Der Name ist auszuschreiben; abgekürzte Formen (z.B. Paraphen) genügen nicht. Die Unterschrift muss die Identität des Unterzeichnenden ausreichend kennzeichnen, Leserlichkeit ist jedoch nicht erforderlich. Die Unterschrift muss die Urkunde räumlich abschließen, um damit die Verantwortung für den gesamten Urkundeninhalt zum Ausdruck zu bringen.

Naturalobligation
★

Naturalobligationen können freiwillig, nicht aber gegen den Willen des Schuldners durchgesetzt werden. Das auf eine Naturalobligation Geleistete kann aber nicht bereicherungsrechtlich zurückgefordert werden. Beispiel: Wettschulden, § 762

Naturalrestitution
[§ 249 I]
★

Wiederherstellung des anfänglichen Zustandes (status quo ante), der ohne das schädigende Ereignis bestehen würde, in Natur. In manchen Fällen ist stattdessen gemäß § 249 II eine ⇨ Restitution in Geld zulässig.
Beachte zur Terminologie: Teilweise wird mit „Naturalrestitution" undifferenziert sowohl die Restitution in Natur (§ 249 I) als auch die Restitution per Geldzahlung (§ 249 II) bezeichnet.

Natürliche Person

Abstrakter juristischer Begriff für den Menschen. Gegenteil ⇨ juristische Person

---

Nebenbesitz
★

Im Gesetz nicht geregelte Form des ⇨ Besitzes, nach der ein unmittelbarer Besitzer aufgrund zweier ⇨ Besitzmittlungsverhältnisse zwei Personen gleichzeitig den ⇨ mittelbaren Besitz verschaffen könne. Die h.M. erkennt diese Rechtsfigur nicht an.

Nebenleistungspflichten

Pflichten zur Vorbereitung, Durchführung und Sicherung der Hauptleistung. Sie sind auf die Herbeiführung des Leistungserfolgs bezogen und ergänzen die ⇨ Hauptleistungspflicht i.S.d. § 241 I.

Nebenpflichten
[§ 241 II]

Pflichten zur Absicherung der Hauptpflicht und Abwicklung des Schuldverhältnisses (Leistungstreue-, Schutz- und Aufklärungspflichten).

Negatives Interesse
[§§ 122, 179]
★

Ersatzfähig bei Vertrauen auf das Zustandekommen einer Verbindlichkeit, z.B. §§ 122, 179, oder bei Zustandekommen einer Verbindlichkeit durch Täuschung oder Aufklärungspflichtverletzung. Der Gläubiger ist so zu stellen, wie er heute stünde, wenn sein Vertrauen gar nicht erst geweckt worden wäre und er daher den Vertrag nicht geschlossen hätte.

Neu für alt
[§§ 249 ff.]

Kürzung eines Schadensersatzanspruchs, wenn bei einer Beschädigung einer gebrauchten Sache die Reparatur oder gar der Austausch durch eine neue Sache zu einer Wertsteigerung führt, die ohne die Schädigung nicht eingetreten wäre. Der Anspruch ist nach den Grundsätzen der ⇨ Vorteilsanrechnung zu reduzieren.

Neubeginn der Verjährung [§ 212]

Hinderungsgrund für den Eintritt der ⇨ Verjährung, bei der der Lauf der Verjährung mit der vollen Verjährungsfrist neu beginnt.

Neue bewegliche Sache [§ 950] ★

Produkt der ⇨ Verarbeitung, das eine eigenständige, gegenüber den Ausgangsstoffen weitergehende Funktion erfüllt oder eine andere wirtschaftliche Bedeutung hat.

Nicht berechtigte Geschäftsführung ohne Auftrag

⇨ Geschäftsführung ohne Auftrag, bei der die Übernahme nicht dem Interesse und dem wirklichen oder mutmaßlichen Willen des Geschäftsherrn entspricht und auch nicht genehmigt wurde.

Nicht so berechtigter Besitzer [§ 986] ★

Besitzer einer Sache, der ein ⇨ Recht zum Besitz hat, dieses aber überschreitet (z.B. Neulackierung des Mietwagens in Regenbogenfarben). Nach h.M. hat dieser Besitzer ein Recht zum Besitz, sodass die §§ 987 ff. nicht eröffnet sind (und stattdessen das Vertrags- bzw. Deliktsrecht). Abzugrenzen vom ⇨ Fremdbesitzerexzess.

Nichtehe

Eine wirksame Ehe ist nicht zustande gekommen. Dies ist der Fall, wenn es sich nicht um zwei Personen verschiedenen Geschlechts handelt, wenn eine Eheschließungserklärung fehlt oder wenn die Ehe ohne Mitwirkung eines Standesbeamten geschlossen wurde.

Nichtigkeit

Die mit einem ⇨ Rechtsgeschäft beabsichtigten Rechtswirkungen treten von Anfang an nicht ein, z.B. ⇨ Sittenwidrigkeit nach § 138.

Nichtleistungskondiktion ★

Bereicherungsausgleich gem. §§ 812 ff., wenn die Bereicherung durch keinerlei ⇨ Leistung eingetreten ist (Subsidiarität der Nichtleistungskondiktion). Fälle: Wirksame und entgeltliche Verfügung eines Nichtberechtigten über ein fremdes Recht (§ 816 I 1), wirksame aber unentgeltliche Verfügung eines Nichtberechtigten über ein fremdes Recht (§ 816 I 2), Entgegennahme einer Leistung durch einen Nichtberechtigten, die dem Berechtigten gegenüber wirksam ist (§ 816 II), erweiterte Herausgabepflicht eines Dritten bei unentgeltlicher Zuwendung einer Bereicherungsansprüchen unterliegenden Sache (§ 822), allgemeine Nichtleistungskondiktion (§ 812 I 1 Var. 2). Bei der Letztgenannten wird zwischen der ⇨ Eingriffskondiktion, der ⇨ Verwendungskondiktion und der ⇨ Rückgriffskondiktion unterschieden.

Nießbrauch
[§§ 1030]

⇨ Dienstbarkeit, durch welche der Berechtigte die ⇨ Nutzungen aus dem Belastungsgegenstand (Sache, Recht, Vermögen) ziehen darf. Höchstpersönlich, daher unvererblich und unübertragbar.

Notwehr
[§ 227]
★

Objektiv erforderliche Verteidigungshandlung mit Verteidigungswillen aufgrund eines gegenwärtigen rechtswidrigen Angriffs auf die eigenen Rechtsgüter oder die eines Dritten (Notwehrlage). Wer in Notwehr handelt, handelt nicht rechtswidrig, sodass weder ⇨ verbotene Eigenmacht (§ 858) noch ein Delikt (§§ 823 ff.) vorliegt.

Notwendige Verwendung
[§ 994]
★

⇨ Verwendung, die zum Erhalt der Sache erforderlich ist.

---

numerus clausus
★

(lat.) „beschränkte Zahl“: Sachenrechtlicher Grundsatz, nach dem die im Sachenrecht möglichen dinglichen Berechtigungen abschließend im Gesetz fixiert sind (s. auch ⇨ Typenzwang).

Nützliche Verwendung
[§ 996]
★

⇨ Verwendung, die den objektiven Wert der Sache erhöht.

Nutztier
[§ 833]

Alle Haustiere, die überwiegend der Berufstätigkeit, dem Erwerb oder dem Unterhalt des Halters dienen.

Nutzungen
[§ 100]

Früchte einer Sache oder eines Rechts sowie die Vorteile, die der Gebrauch der Sache oder des Rechts gewährt.

Nutzungsausfallschaden
[§§ 249 ff.]

Schaden, der entsteht, wenn der Eigentümer oder sonstige Nutzungsberechtigte aufgrund der Wegnahme, Beschädigung oder Zerstörung einer Sache nicht in der Lage sind, die Sache so zu nutzen, wie sie es normalerweise könnten.

Objektive Unmöglichkeit

Siehe ⇨ Unmöglichkeit

Obliegenheit
★

Im eigenen Interesse zu beachtende, nicht einklagbare Verhaltensanordnung, deren Missachtung nachteilige Folgen für die belastete Partei hat. Ihre Verletzung löst keine Schadensersatzansprüche aus, da sie keine Pflicht i.S.d. § 241 ist. Bsp. ⇨ Rügeobliegenheit

---

obligatio alternativa

Synonym für ⇨ Wahlschuld

Offene Handelsgesellschaft (oHG)
[§§ 105 ff. HGB]
★

⇨ Personengesellschaft, deren Zweck der Betrieb eines ⇨ Handelsgewerbes ist.

Offener Dissens
[§ 154 I]

Ein Vertrag ist im Zweifel nicht geschlossen, solange die Parteien sich nicht über alle Punkte geeinigt haben, über die nach dem erklärten Willen zumindest einer Partei eine Einigung erforderlich ist.

Offener Mangel
[§ 377 HGB]

Fehler, die, wenn auch erst nach ordnungsgemäßer Untersuchung, erkennbar sind. Relevant im Rahmen der ⇨ Rügeobliegenheit.

Offenkundigkeitsprinzip
[§ 164 I 2]
★

Grundsätzlich ist eine Vertretung nur möglich, wenn diese für den anderen Teil offenkundig ist. Der Vertreter muss die Vertretung ausdrücklich offenlegen, oder sie muss sich zumindest aus den Umständen ergeben. Ohne Offenkundigkeit wirkt die Erklärung des ⇨ Vertreters für und gegen diesen selbst, vgl. § 164 II.

Öffentliche Beglaubigung

Bescheinigung eines Notars über die Urheberschaft einer bestimmten Person (nur) für eine Unterschrift bzw. ein Handzeichen unter einer schriftlichen Erklärung. Dient ausschließlich dem Identätsnachweis, die Urkunde bleibt im Gegensatz zur notariellen Beurkundung Privaturkunde (⇨ Beurkundung, notarielle).

Ohne rechtlichen Grund
[§ 812]
★

Eine ⇨ Leistung erfolgt ohne rechtlichen Grund, wenn der Zweck der Leistung, eine Verbindlichkeit zu erfüllen, nicht erreicht wird. Dies ist der Fall, wenn eine Verbindlichkeit nicht besteht oder wenn trotz Leistung keine ⇨ Erfüllung eintritt.

Organ

Eine oder mehrere ⇨ natürliche Personen (Organwalter), die für eine ⇨ juristische Person nicht aufgrund ⇨ Vollmacht, sondern unmittelbar als ihr „verlängerter Arm" handeln. Handlungen der Organe werden juristischen Person nicht bloß zugerechnet, sie sind eigene Handlungen der juristischen Person.

Organhaftung
[§§ 31, 89]

Haftung einer ⇨ juristischen Person für Schäden, die durch eines ihrer ⇨ Organe in Ausführung seiner Tätigkeit einem Dritten zugefügt wurden. Bloße Zurechnungsfigur, sodass für einen Anspruch eine ⇨ Anspruchsgrundlage aus anderen Normen existieren muss.

Organisationspflicht und -verschulden
[§ 823 I]

Trotz Abwälzung einer ⇨ Verkehrssicherungspflicht auf einen Dritten verbleibende Schutzpflicht des eigentlich Verkehrssicherungspflichtigen. Der Übertragende muss dafür sorgen, dass der Dritte der Verkehrssicherungspflicht in gehöriger Weise nachkommt. Bei Verletzungen dieser Organisationspflicht kommt eine Haftung aus § 823 I wegen Organisationsverschuldens in Betracht.

Pacht (Pachtvertrag)
[§§ 581 ff.]

Gegenseitiger Vertrag, durch den der Verpächter zur Gewährung des Gebrauchs des verpachteten Gegenstandes und des Fruchtgenusses, der Pächter zur Entrichtung der vereinbarten Pacht verpflichtet wird.

---

pacta sunt servanda
[§ 241]
★

(lat.) „Verträge sind einzuhalten": Aus dem römischen Recht stammender Grundsatz, nach dem Verträge einzuhalten sind. Für das Zivilrecht hat dieser Grundsatz in § 241 Ausdruck gefunden, laut dem der Schuldner verpflichtet ist, die Leistung zu bewirken.

---

pactum de non petendo

(lat.) „Vertrag darüber, nicht zu fordern": Synonym für ⇨ Stillhalteabkommen

---

Parteifähigkeit
[§ 50 ZPO]
★

Parteifähig ist, wer ⇨ rechtsfähig ist.

---

perpetuatio fori
[§ 261 III Nr. 2 ZPO]

(lat.) „Fortbestand des Forums“: Das bei ⇨ Rechtshängigkeit örtlich und sachlich zuständige Gericht bleibt für die Dauer der Rechtshängigkeit zuständig, auch wenn bei einer erneuten Rechtshängigkeit die Zuständigkeit eine andere wäre.

Personengesellschaft

Zusammenschluss mindestens zweier Personen zur Erreichung eines gemeinsamen Zwecks, ohne eigene Rechtspersönlichkeit. Die Gesellschafter haften persönlich für die Schulden der Gesellschaft (§ 128 HGB, ggf. analog).

Petitorische Besitzansprüche
[§ 1007]

Herausgabeanspruch des besser berechtigten, ehemaligen ⇨ Besitzers gegenüber dem schlechter berechtigten, derzeitigen Besitzer. Erfordert ⇨ Bösgläubigkeit des Anspruchsgegners hinsichtlich seines fehlenden ⇨ Rechts zum Besitz oder ⇨ Abhandenkommen beim Anspruchssteller.

Pfandrecht (gesetzliches)
[§ 1257]

Pfandrecht, das aufgrund gesetzlicher Voraussetzungen entsteht. Zu unterscheiden sind gesetzliche Besitzpfandrechte (Werkunternehmerpfandrecht, § 647; Pfandrecht des Kommissionärs, § 397 HGB; Pfandrecht des Lagerhalters, § 475 HGB; Pfandrecht des Frachtführers, § 441 HGB) und gesetzliche besitzlose Pfandrechte (Vermieter- bzw. Verpächterpfandrecht, §§ 562, 592; Gastwirtpfandrecht, § 704). Das für die Entstehung erforderliche Eigentum kann nicht nach §§ 1207, 932 ff. überwunden werden.

Pfandrecht (vertragliches)
[§§ 1204 ff.]

Vertraglich durch ⇨ Verfügung eingeräumtes ⇨ dingliches Recht an einer fremden beweglichen Sache oder an einem Recht, das den Gläubiger berechtigt, sich durch Verwertung des Pfandes aus dem Erlös für eine zu sichernde Forderung zu befriedigen (⇨ Akzessorietät). Entsteht durch Einigung über die Bestellung, Bestehen der zu sichernden Forderung, ⇨ Übergabe und ⇨ Berechtigung. Nach Maßgabe der §§ 1207, 932 ff. kann auch der Nichtberechtigte ein Pfandrecht bestellen.

Pfandverwertung
[§ 1228]

Gem. § 1228 I erfolgt die Befriedigung des Pfandgläubigers aus dem Pfand durch Verkauf. Voraussetzung hierfür ist der Eintritt der Pfandreife. Diese ist gem. § 1228 II 1 dann eingetreten, wenn die gesicherte Forderung ganz oder zum Teil fällig ist. Für das Pfandrecht an Rechten gelten die §§ 1273–1296.

Pflichtteil
[§§ 2303 ff.]
★

Schuldrechtlicher Zahlungsanspruch des ⇨ Pflichtteilsberechtigten gegen den ⇨ Erben für den Fall einer ⇨ Enterbung. Beläuft sich auf die Hälfte des Wertes des gesetzlichen Erbteils. Wird vor Beeinträchtigung durch den ⇨ Pflichtteilsrestanspruch und den ⇨ Pflichtteilsergänzungsanspruch geschützt.

Pflichtteilsberechtigter

⇨ Abkömmling, ⇨ Ehegatte, ⇨ Lebenspartner oder Elternteil des ⇨Erblassers, den eine ⇨ Enterbung trifft. Entferntere Abkömmlinge und die ⇨ Eltern des Erblassers werden durch nähere Abkömmlinge vom Pflichtteilsrecht ausgeschlossen.

Pflichtteilsergänzungsanspruch [§ 2325]

Außerordentlicher Pflichtteilsanspruch eines ⇨ Pflichtteilsberechtigten gegen den ⇨ Erben auf Zahlung einer Ergänzung zu seinem ⇨ Pflichtteil für den Fall, dass der Erblasser in den letzten 10 Jahren vor dem Erbfall Schenkungen an Dritte gemacht hat.

Pflichtteilsrestanspruch [§ 2305]

Außerordentlicher Pflichtteilsanspruch eines pflichtteilsberechtigten ⇨ Erben gegen die Miterben auf Zahlung eines Zusatzpflichtteils für den Fall, dass ihm vom ⇨ Erblasser ein Erbteil zugewandt wurde, der weniger als sein ⇨ Pflichtteil beträgt.

Pflichtverletzung

Objektive Verletzung einer aus einem ⇨ Schuldverhältnis bestehenden Pflicht. Verletzt werden können sowohl ⇨ Hauptleistungspflichten als auch ⇨ Nebenpflichten in Form von Leistungs- oder Rücksichtnahmepflichten.

Positives Interesse	Synonym für ⇨ Äquivalenzinteresse
Possessorischer Besitzschutzanspruch [§§ 861, 862] ★	Allein aus dem ⇨ Besitz abgeleiteter und von einem Besitzrecht unabhängiger Besitzschutzanspruch für bewegliche und unbewegliche Sachen, dem nur entgegengehalten werden kann, dass bereits der entzogene Besitz fehlerhaft war.
Postulationsfähigkeit [§§ 78, 79 ZPO] ★	Fähigkeit, Prozesshandlungen wirksam vorzunehmen. Grundsätzlich ist vor dem Amtsgericht jede Person postulationsfähig, während vor den Land- und Oberlandesgerichten besondere Vertreter (insb. Rechtsanwälte) auftreten müssen.
Praktische Unmöglichkeit	Siehe ⇨ Unmöglichkeit
Preisgefahr	Synonym für ⇨ Gegenleistungsgefahr
Privatautonomie	Synonym für ⇨ Vertragsfreiheit
Produktfehler [§ 3 ProdHaftG]	Das Produkt entspricht zum Zeitpunkt seines Inverkehrbringens nicht den berechtigten Sicherheitserwartungen der Allgemeinheit. Produktfehler sind Fabrikations-, Instruktions- und Konstruktionsfehler, nicht jedoch Produktbeobachtungsfehler.

Produkthaftung
[ProdHaftG]
★

Im Produkthaftungsgesetz (ProdHaftG) geregelte verschuldensunabhängige, aber betragsmäßig begrenzte Haftung des Herstellers von Produkten für bestimmte Schäden, die durch den Fehler eines seiner Produkte entstanden sind. Haftungsvoraussetzungen: Anwendbarkeit gem. § 16 ProdHaftG, Rechtsgutverletzung des Anspruchstellers i.S.d. § 1 I ProdHaftG (Leben, Körper, Gesundheit oder eine andere Sache), verursacht durch ⇨ Produktfehler und kein Ausschluss nach § 1 II u. III ProdHaftG. Der Anspruch richtet sich gegen den ⇨ Hersteller des Produktes, ersatzweise gegen den Lieferanten (§ 4 III ProdHaftG).

Produzentenhaftung
[§§ 823 ff.]
★

Von der ⇨ Produkthaftung zu unterscheidende, spezielle Ausprägung der betragsmäßig unbegrenzten Haftung für die Verletzung einer ⇨ Verkehrssicherungspflicht i.R.d. § 823 I. Sie wird begründet durch Konstruktions-, Fabrikations-, Instruktions-, Produktbeobachtungs- oder Befundsicherungsfehler. Bei Fabrikations- und Konstruktionsfehlern werden das Verschulden und die objektive Pflichtwidrigkeit widerlegbar vermutet.

Prokura
[§§ 49 ff. HGB]
★

Besondere handelsrechtliche ⇨ Vollmacht mit gesetzlich bestimmtem Umfang. Sie umfasst alle gerichtlichen und außergerichtlichen Geschäfte, die der Betrieb irgendeines Handelsgewerbes mit sich bringt. Sie kann nur durch einen ⇨ Kaufmann persönlich und ausdrücklich einer natürlichen Person erteilt werden und ist gem. § 53 I HGB in das Handelsregister einzutragen.

---

protestatio facto contraria (non valet) [§ 242]

(lat.) „Ein Widerspruch entgegen des eigenen tatsächlichen Handelns [ist unbeachtlich]." ⇨ sozialtypisches Verhalten

---

protestatio facto contraria non valet

Siehe ⇨ sozialtypisches Verhalten

Prozessfähigkeit [§ 51 ZPO] ★

Prozessfähig ist im Wesentlichen, wer ⇨ geschäftsfähig ist.

Prozessführungsbefugnis ★

Befugnis, ein bestimmtes Recht prozessual geltend zu machen. Grundsätzlich besteht sie nur bezüglich eigener Rechte. Fremde Rechte können nur ausnahmsweise durch ⇨ Prozessstandschaft geltend gemacht werden.

Prozesshandlung

Handlung, die auf die Gestaltung des Zivilprozesses gerichtet ist. Bewirkungshandlungen wirken unmittelbar (z.B. ⇨ Anerkenntnis), während Erwirkungshandlungen eine gerichtliche Entscheidung herbeiführen und beeinflussen sollen (z.B. Anträge).

Prozessstandschaft

Verleiht ausnahmsweise die ⇨ Prozessführungsbefugnis bezüglich eines fremden Rechts. Muss gesetzlich angeordnet oder gewillkürt sein. Letzteres erfordert eine Ermächtigung des Rechtsinhabers, ein schützenswertes Interesse des Klägers sowie das Fehlen einer unzumutbaren Beeinträchtigung des Beklagten.

Publizität des Handelsregisters
[§ 15 HGB]
★

Schutz des guten Glaubens an die Vollständigkeit des Handelsregisters. Der Eintragungsverpflichtete, der die Eintragung einer Tatsache versäumt hat, kann diese dem Dritten nur entgegenhalten, wenn dieser positive Kenntnis von der nicht eingetragenen Tatsache hatte (negative Publizität). Andererseits muss ein Dritter eine eingetragene und bekanntgemachte Tatsache gegen sich gelten lassen, auch wenn er sie nicht kennt (positive Publizität).

Quasi-negatorischer Unterlassungsanspruch
[§§ 1004, 823 analog]
★

⇨ Unterlassungsanspruch bei zu besorgender Wiederholung der Verletzung eines der über § 823 I oder § 823 II i.V.m. einem ⇨ Schutzgesetz geschützten Rechtsgüter. Voraussetzungen: rechtswidrige, nicht notwendigerweise schuldhafte Beeinträchtigung eines der geschützten Rechtsgüter sowie Wiederholungs- oder ernsthaft drohende Erstbegehungsgefahr.

Quittung [§ 368 S. 1]

Schriftliches Empfangsbekenntnis für den Empfang einer geschuldeten Leistung.

Rahmenrecht ★

Rechtsposition, die im Gegensatz zu den ⇨ absoluten Rechten nicht umfassend gegen Eingriffe anderer geschützt ist. Vielmehr muss im Einzelfall abwägend beurteilt werden, ob eine Beeinträchtigung zugleich ein rechtswidriger Eingriff ist. Rahmenrechte sind das ⇨ allgemeine Persönlichkeitsrecht und das ⇨ Recht am eingerichteten und ausgeübten Gewerbebetrieb.

Rangverhältnis

Rechtsposition, die ein dingliches Recht im Verhältnis zu anderen dinglichen Rechten einnimmt. Bestehen an einem Grundstück mehrere beschränkt dingliche Rechte, so besteht unter diesen Rechten ein vereinbartes oder gesetzliches Rangverhältnis. Das Rangverhältnis entscheidet darüber, ob das eine oder das andere Recht bevorzugt zu behandeln oder eine Gleichbehandlung geboten ist. Treffen die Parteien keine Rangvereinbarung, gilt das Prioritätsprinzip gem. § 879 I.

Ratenlieferungsvertrag
[§ 510]

Vertrag, welcher die Lieferung mehrerer als zusammengehörend verkaufter Sachen in Teilleistungen zum Gegenstand hat, soweit das Entgelt ebenfalls in Teilzahlungen zu erbringen ist.

Realakt
★

Tatsächliche Handlung, an die die Rechtsordnung den Eintritt einer Rechtsfolge knüpft, z.B. Besitzveränderungen (§§ 854, 856), Verbindung, Vermischung und Verarbeitung (§§ 946 ff.). Er erfordert keine Willensäußerung und ist daher nicht ⇨ Rechtsgeschäft. Die Vorschriften für Rechtsgeschäfte finden daher keine Anwendung. Insbesondere bedarf es keiner ⇨ Geschäftsfähigkeit.

Reallast
[§ 1105]

Beschränkt dingliches Recht an einem Grundstück, aus dem der Reallastberechtigte von dem jeweiligen Eigentümer des belasteten Grundstücks eine wiederkehrende Leistung verlangen kann.

Recht am eingerichteten und ausgeübten Gewerbebetrieb
★

Recht auf störungsfreie Entfaltung des unternehmerischen Tätigkeitskreises. Als ⇨ sonstiges Recht i.S.d. § 823 I vor betriebsbezogenen Eingriffen geschützt. Betriebsbezogen ist ein Eingriff, der sich nach seiner objektiven Stoßrichtung oder der Willensrichtung des Verletzers gegen den betrieblichen Organismus oder die unternehmerische Entscheidungsfreiheit richtet.

Recht zum Besitz
[§ 986]

Rechtsposition, die den Besitzer berechtigt, ggü. dem Eigentümer die Herausgabe der Sache zu verweigern.

Recht zum Besitz, abgeleitetes
[§ 986 I 1 Var. 2]
★

⇨ Recht zum Besitz, dass ein Dritter dem unmittelbaren Besitzer vermittelt. Voraussetzungen: der unmittelbare Besitzer darf gegenüber dem Dritten besitzen, der Dritte darf gegenüber dem Eigentümer besitzen und der Dritte ist dem Eigentümer gegenüber zur Weiterleitung des Besitzes befugt.

Recht zum Besitz, eigenes
[§ 986 I 1 Var. 1]
★

⇨ Recht zum Besitz aus einem dinglichen Recht an der Sache (z.B. ⇨ Pfandrecht gem. § 1204) oder aus einem schuldrechtlichen Vertrag mit dem Eigentümer (sog. obligatorisches Recht zum Besitz, z.B. Mietvertrag). Umstritten ist, ob auch ein ⇨ Anwartschaftsrecht hierunter fällt. Ein ⇨ Zurückbehaltungsrecht begründet nach h.M. kein Recht zum Besitz.

Rechtfertigungsgrund

Erlaubnistatbestand der ein tatbestandliches Verhalten rechtfertigt. Beispiele: Notwehr (§ 227), Verteidigungsnotstand (§ 228), Aggressivnotstand (§ 904), Selbsthilfe (§§ 229 ff.), Wahrnehmung berechtigter Interessen (vgl. § 193 StGB), ⇨ rechtmäßiges Alternativverhalten, Einwilligung und ⇨ bewusste Selbstgefährdung

---

Rechtmäßiges Alternativverhalten

⇨Rechtfertigungsgrund, der eine Haftung ausschließt, wenn es auch bei rechtmäßigem Verhalten zum Schaden gekommen wäre.

Rechtsbedingung ★

Rechtlicher Umstand, von dem die Wirksamkeit eines Rechtsgeschäfts nach seiner Natur, seinem Gegenstand oder kraft besonderer Rechtsvorschriften abhängt. Bsp.: Aufrechnung für den Fall, dass die Hauptforderung (noch) existiert. Für sie gelten nicht die Regelungen für die ⇨ Bedingung (§§ 158 ff.) und sie ist auch bei ⇨ bedingungsfeindlichen Rechtsgeschäften zulässig.

Rechtsfähigkeit [§ 1]

Fähigkeit, Träger von Rechten und Pflichten zu sein. Beginnt bei Menschen mit ⇨ Vollendung der Geburt und endet mit dem Tod (vgl. § 1922 I). Auch ⇨ juristische Personen sowie insbesondere die nach außen auftretende ⇨ Gesellschaft bürgerlichen Rechts (h.M.), die ⇨ offene Handelsgesellschaft (§§ 105 ff. HGB) sowie die ⇨ Kommanditgesellschaft (§§ 161 ff. HGB) sind rechtsfähig.

Rechtsfolgenirrtum

Fehlerhafte Vorstellung des Erklärenden über die Rechtsfolgen seiner ⇨ Willenserklärung. Handelt es sich um eine Rechtsfolge, die unmittelbar aus dem Gesetz folgt und unabhängig vom Willen des Erklärenden eintritt, so liegt ein unbeachtlicher ⇨ Motivirrtum vor.

Gehört die Rechtsfolge zum Inhalt der Erklärung, liegt ein zur Anfechtung berechtigender ⇨ Inhaltsirrtum vor.

Rechtsgeschäft ★

Tatbestand, der aus mindestens einer ⇨ Willenserklärung sowie u.U. aus weiteren Tatbestandsmerkmalen (z.B. der ⇨ Übergabe bei § 929 S. 1) besteht und an den die Rechtsordnung den Eintritt des gewollten privatrechtlichen Erfolgs knüpft.

Rechtsgeschäft, abstraktes

⇨ Rechtsgeschäft, das losgelöst von einem ihm zugrunde liegenden Kausalgeschäft wirksam ist, aber bei Unwirksamkeit des Kausalgeschäfts nach §§ 812 ff. rückabzuwickeln ist, z.B. Übereignung.

Rechtsgeschäft, einseitig empfangsbedürftiges

Einseitig empfangsbedürftige Rechtsgeschäfte betreffen den Rechtskreis anderer Personen, sodass eine an eine andere Person gerichtete ⇨ Willenserklärung erforderlich ist (Beispiel: Kündigungserklärung). Der Erklärungsempfänger ist wegen der sofortigen Wirkung besonders schutzwürdig, z.B. kann er gemäß § 174 das einseitige Rechtsgeschäft eines Vertreters zurückweisen, wenn dieser seine Vollmacht nicht nachweist.

Rechtsgeschäft, einseitiges

⇨ Rechtsgeschäft, das durch Willenserklärung einer einzelnen Person vorgenommen werden kann. Zu differenzieren ist zwischen streng einseitigem Rechtsgeschäft und einseitigem empfangsbedürftigem Rechtsgeschäft (⇨ Rechtsgeschäft, einseitig empfangsbedürftiges).

Rechtsgeschäft, kausales

⇨ Rechtsgeschäft, das den Rechtsgrund für ein abstraktes Rechtsgeschäft bildet und für die bereicherungsrechtliche Beständigkeit dieses Rechtsgeschäfts sorgt, z.B. Kaufvertrag.

Rechtsgeschäft, mehrseitiges

⇨ Rechtsgeschäft, das aus aufeinander bezogenen ⇨ Willenserklärungen mehrerer Personen besteht. Mehrseitige Rechtsgeschäfte sind der ⇨ Vertrag und der Beschluss, etwa eines mehrköpfigen Vereinsvorstands (vgl. § 28).

Rechtsgeschäft, streng einseitiges

Das ⇨ Rechtsgeschäft betrifft nur den Rechtskreis des Handelnden, sodass die Willenserklärung nicht einem anderen gegenüber abzugeben und daher nicht empfangsbedürftig ist. Beispiele: ⇨ Auslobung, ⇨ Dereliktion, Errichtung eines ⇨ Testaments

---

Rechtsgeschäftsähnliches Schuldverhältnis
[§ 311 II, III]

Sonderverbindung, die zwar keine Leistungspflichten gem. § 241 I, aber Rücksichtnahmepflichten i.S.d. § 241 II begründet. Fälle sind zum einen das vorvertragliche Schuldverhältnis (§ 311 II) sowie die ⇨ Inanspruchnahme besonderen persönlichen Vertrauens.

Rechtshängigkeit [§§ 261 I, 253 I ZPO] ★	Schweben eines gerichtlichen Streits über einen ⇨ Anspruch im prozessualen Sinn. Die Rechtshängigkeit beginnt mit Klageerhebung, d.h. mit Zustellung der Klageschrift vom Gericht an den Beklagten. Nach Maßgabe des § 167 ZPO findet allerdings eine Rückwirkung auf den Zeitpunkt der ⇨ Anhängigkeit statt.
Rechtsmangel [§§ 435, 633 III]	Möglichkeit Dritter, aufgrund eines privaten oder öffentlichen Rechts das Eigentum, den Besitz oder den unbeschränkten Gebrauch des Kaufgegenstands bzw. des Werkes zu beeinträchtigen.
Rechtsmissbrauch	Synonym für ⇨ unzulässige Rechtsausübung
Rechtsnachfolge	Übergang von Rechten und Pflichten auf eine andere Person. Zu unterscheiden sind die ⇨ Einzelrechtsnachfolge und die ⇨ Gesamtrechtsnachfolge.
Rechtsschein des Besitzes [§§ 932 ff., 1006]	Schluss vom ⇨ Besitz einer ⇨ beweglichen Sache auf ihr ⇨ Eigentum. Greift sowohl bei der generellen Frage nach dem Eigentümer (§ 1006) als auch bei der ⇨ Übereignung (§§ 932 ff.).
Rechtswidrigkeit ★	Rechtswidrig ist jede ⇨ Handlung, die der Rechtsordnung widerspricht. Die Rechtswidrigkeit ist im ⇨ Deliktsrecht grundsätzlich

„indiziert", d.h. jede Herbeiführung des tatbestandsmäßigen Erfolgs ist rechtswidrig, soweit kein ⇨ Rechtfertigungsgrund eingreift (sog. Lehre vom Erfolgsunrecht). Bei der Verletzung von ⇨ Rahmenrechten muss die Rechtswidrigkeit hingegen positiv festgestellt werden. Ebenso ist es letztlich im Rahmen der §§ 280 ff., bei welchen die Rechtswidrigkeit zwar nicht zu prüfen, aber eine ⇨ Pflichtverletzung zu untersuchen ist.

Rechtzeitigkeit der Rüge
[§ 377 HGB]
★

⇨ Offene Mängel sind ⇨ unverzüglich nach Ablieferung zu rügen. ⇨ Versteckte Mängel sind ⇨ unverzüglich nach Entdeckung zu rügen. Relevant im Rahmen der ⇨ Rügeobliegenheit.

Reisevertrag
[§§ 651 a ff.]

Gegenseitiger Vertrag, durch den sich der Reiseveranstalter zur Erbringung der Reise, der Reisende zur Zahlung des Reisepreises verpflichtet. Gegenstand des Reisevertrags muss grundsätzlich eine Gesamtheit von Reiseleistungen sein, sodass mindestens zwei Einzelleistungen, die als Gesamtprogramm angeboten werden, vorliegen müssen.

Relative Unwirksamkeit

⇨ Rechtsgeschäft, das nur einer bestimmten Person gegenüber unwirksam, allen anderen gegenüber aber wirksam ist. Insbesondere ⇨ Verfügungen könne relativ unwirksam sein, z.B. nach §§ 135, 136, 161.

Relative Verfügungsbeschränkung
[§ 135]

Lässt die ⇨ Berechtigung zu einer ⇨ Verfügung entfallen, führt also zur ⇨ relativen Unwirksamkeit.

Relatives Fixgeschäft
[§§ 323 II, 281 II]
★

Siehe zunächst ⇨ Fixgeschäft. Die Leistung ist nach der für sie bestimmten Zeit noch möglich, die Einhaltung der Leistungszeit aber nach dem Vertrag so wesentlich, dass die nicht rechtzeitige Leistung nicht mehr als ordnungsgemäß angesehen werden kann. Das Geschäft „steht und fällt" mit der rechtzeitigen Leistung.

Rentabilitätsvermutung
★

Im wirtschaftlichen Verkehr geltende Vermutung, dass eine ⇨ Aufwendung, die im Zusammenhang mit der erwarteten Vertragserfüllung vom Gläubiger getätigt wurde, aber aufgrund des Nichtleistens des Schuldners nutzlos geworden ist, ohne das schädigende Ereignis rentabel gewesen wäre. Derartige Aufwendungen sind daher als Mindestschaden i.R.e. Schadensersatzanspruchs statt der Leistung ersatzfähig.

Restitution
[§ 249]
★

Wiederherstellung eines anfänglichen Zustands (status quo ante), als Rechtsfolge eines Schadensersatzanspruchs. Erfolgt grundsätzlich in Natur (⇨ Naturalrestitution, § 249 I), kann bei Sachbeschädigung oder Körperverletzung aber auch durch die zur Wiederherstellung erforderliche Geldsumme erfolgen (Restitution in Geld, § 249 II). Abzugrenzen von der ⇨ Störungsbeseitigung und von der ⇨ Schadenskompensation.

Richtlinienkonforme Auslegung
★

Ermittlung des Inhalts einer Norm dergestalt, dass die nationale Regelung, die zur Umsetzung einer Richtlinie erlassen wurde, so ausgelegt wird, dass sie den Vorgaben der Richtlinie entspricht.

Richtlinienorientierte Auslegung
★

Durch eine richtlinienorientierte Auslegung wird die einheitliche Auslegung einer Norm sichergestellt, die sowohl Fälle im Anwendungsbereich als auch Außerhalb des Anwendungsbereichs der Richtlinie erfasst. Die Wertungen der Richtlinie werden daher auf die Norm übertragen, auch wenn der Anwendungsbereich der Richtlinie im konkreten Fall nicht eröffnet ist.

Rückforderungsdurchgriff
★

Die ⇨ Anfechtung eines und der ⇨ Rücktritt von einem mit einem ⇨ Darlehensvertrag ⇨ verbundenen Vertrags wirken gleichermaßen für das Darlehen. Dies ist in den §§ 358, 359 nicht geregelt, wird von der h.M. aber für richtig gehalten.

Rückgewährschuldverhältnis [§§ 346 ff.]

Entsteht durch den ⇨ Rücktritt. Die Parteien haben sich die jeweils empfangenen Leistungen zurückzugewähren und die gezogenen ⇨ Nutzungen herauszugeben. Statt Rückgabe in Natur kann ausnahmsweise die Leistung von ⇨ Wertersatz geschuldet sein.

Rückgriffskondiktion

Bereicherungsausgleich bei ⇨ Leistungen, die neben dem Empfänger auch Dritten zugute kommen, soweit nicht auch hier Sonderregeln (z.B. Anspruch gegen den Dritten wegen ⇨ cessio legis gem. §§ 268 III 1, 426 II 1, 774 I 1, 1143 I, 1225 etc.) eingreifen (Fall der ⇨ Nichtleistungskondiktion).

Rücktritt
★

Umgestaltung eines Vertragsverhältnisses durch einseitige ⇨ Rücktrittserklärung in ein Rückgewährschuldverhältnis. Das erforderliche Rücktrittsrecht kann sich aus dem Vertrag oder dem Gesetz (⇨ Rücktrittsrecht, gesetzliches) ergeben.

Rücktrittseinrede [§§ 438 IV 2, 634 a IV 2]

Leistungsverweigerungsrecht des Käufers bzw. des ⇨ Bestellers hinsichtlich des Kaufpreises bzw. des Werklohns nach Unwirksamkeit (aufgrund Verjährung des Leistungsanspruchs, § 218) des im Übrigen wegen mangelhafter Leistung berechtigten Rücktritts.

Rücktrittserklärung
[§ 349]

Auf den ⇨ Rücktritt gerichtete ⇨ Gestaltungserklärung gegenüber dem anderen Teil (§ 349).

Rücktrittsrecht, gesetzliches

Gesetzliche Rücktrittsrechte bestehen bei erstens bei Leistungsstörungen (§§ 321 II, 323, 324, 326 V, 437, 634). Zwar unterliegen Gestaltungsrechte nicht der ⇨ Verjährung, trotzdem wird ein erst nach Verjährung des Leistungs- bzw. Nacherfüllungsanspruchs erklärter Rücktritt unwirksam, wenn sich der Schuldner auf die Verjährung der Ansprüche beruft (§§ 218 I, 438 IV, 634 a IV). Sie bestehen zweitens bei einer ⇨ Störung der Geschäftsgrundlage (§ 313 III) und bei Geltendmachung der ⇨ Rücktrittseinrede durch die Gegenseite (§§ 438 IV 3, 634 a IV 3).

Rügeobliegenheit
[§ 377 HGB]
★

⇨ Obliegenheit des Käufers, bei einem beiderseitigen ⇨ Handelskauf die gelieferte Ware unverzüglich zu untersuchen und, wenn sich ein Mangel zeigt, dies rechtzeitig zu rügen (⇨ Rechtzeitigkeit der Rüge). Sie entfällt, wenn der Verkäufer den Mangel arglistig verschwiegen hat. Wird ein Mangel nicht ordnungsgemäß gerügt, gilt die Ware gem. § 377 II HGB als genehmigt.

Sachdarlehensvertrag [§ 607]

Vertrag, bei dem der Darlehensgeber verpflichtet ist, eine vertretbare Sache (nicht Geld) zu übereignen, und der Darlehensnehmer verpflichtet ist, vertretbare Sachen gleicher Art, Güte und Menge zurückzugewähren. Bsp.: Der Nachbar „leiht" sich ein Ei.

Sache [§ 90] ★

Körperlicher ⇨ Gegenstand, also alles, was sinnlich wahrnehmbar und räumlich abgegrenzt ist. Sachen werden in ⇨ bewegliche Sachen und ⇨ Grundstücke eingeteilt. Elektrischer Strom und fließendes Wasser sind nicht als Sachen anzusehen, da es an einer festen Begrenzung fehlt. Nicht zu den Sachen zählen ferner der Körper des lebenden Menschen sowie in den Menschen eingefügte körperliche Hilfsmittel (künstliche Hüfte). Tiere sind keine Sachen, auf sie werden aber gemäß § 90 a S. 3 die Vorschriften über Sachen entsprechend angewendet.

Sachgefahr

Synonym für ⇨ Leistungsgefahr

Sachmangel [§§ 434, 633] ★

Eine Sache ist mangelhaft, wenn sie nicht die vereinbarte ⇨ Beschaffenheit aufweist, sich nicht zur ⇨ vertraglich vorausgesetzten Verwendung oder zur ⇨ gewöhnlichen Verwendung eignet sowie die übliche Beschaffenheit aufweist. Einem Sachmangel stehen die ⇨ Aliudlieferung und die ⇨ Minderlieferung gleich. Im Kaufrecht stehen einem Sachmangel ferner eine mangelhafte ⇨ Montageanleitung und die unsachgemäße Montage gleich, § 434 II.

Saldotheorie
[§ 812]
★

Bei einem Anspruch aus ⇨ Leistungskondiktion i.R.d. Rückabwicklung eines unwirksamen gegenseitigen Vertrags wird auch die Gegenleistung berücksichtigt. Bei gleichartigen Leistungen besteht nur ein Anspruch auf Herausgabe des Überschusses nach Saldierung der wechselseitigen Leistungen. Bei ungleichartigen Leistungen kann jeder seine Leistung nur insoweit zurückfordern, als er seinerseits zur Rückgewähr in der Lage ist. Die Saldotheorie wird eingeschränkt bei Leistungen eines Geschäftsunfähigen bzw. beschränkt Geschäftsfähigen, bei Anfechtung wegen arglistiger Täuschung und wenn die Sache infolge eines Mangels untergeht.

Schaden
★

Unfreiwillige Vermögenseinbuße. Zu unterscheiden von ⇨ Aufwendungen.

Schadensersatz

Wiedergutmachung eines ⇨ Schadens durch ⇨ Restitution oder ⇨ Kompensation.

Schadensersatz statt der ganzen Leistung
[§ 281 I 2, 3]
★

Vollständiger Schadensersatz anstelle der Primärleistung, obwohl der Schuldner nur eine Teilleistung oder eine Schlechtleistung erbracht hat, weil der Gläubiger an der Teilleistung kein Interesse hat bzw. weil die Schlechterfüllung nicht unerheblich ist. Ohne diese Voraussetzungen muss der Gläubiger die unvollständige oder fehlerhafte Leistung behalten und kann nur den Minderwert ersetzt verlangen (sog. kleiner Schadensersatz).

Schadensersatz statt der Leistung
[§§ 311 a, 281 ff.]
★

Schadensersatzanspruch, der an die Stelle der Primärleistungspflicht tritt und das ⇨ Erfüllungsinteresse des Gläubigers befriedigen soll. Neben einer ⇨ Pflichtverletzung ist erforderlich: anfängliche bzw. nachträgliche ⇨ Unmöglichkeit; Nichterbringung einer fälligen Leistung oder Nacherfüllung nach Setzung einer ⇨ Nachfrist; Verletzung einer Schutzpflicht derart, dass eine Leistung durch den Schuldner dem Gläubiger nicht mehr zuzumuten ist

---

Schadensersatz wegen Pflichtverletzung
[§ 280 I]
★

Grundfall des Schadensersatzes wegen Verletzung von Pflichten aus einem Schuldverhältnis. Gem. § 280 I 1 kann jede ⇨ Pflichtverletzung einen Schadensersatzanspruch begründen. ⇨ Schadensersatz wegen Verzögerung der Leistung oder ⇨ Schadensersatz statt der Leistung werden aber nur unter zusätzlichen Voraussetzungen gewährt.

Schadensersatz wegen Verzögerung der Leistung
[§§ 280 I, II, 286]
★

Der Anspruch auf Ersatz des ⇨ Verzögerungsschadens erfordert als spezielle Pflichtverletzung den ⇨ Verzug des Schuldners.

Schadenskompensation
[§ 251]
★

Entschädigung in Geld für nach der ⇨ Differenztheorie erlittene Vermögensschäden, die nicht durch ⇨ Restitution wiederhergestellt werden können oder müssen.

Scheidung
[§§ 1564 ff., § 116 FamFG]

Auflösung einer Ehe durch rechtsgestaltenden Gerichtsbeschluss. Eine Ehe kann geschieden werden, wenn sie gescheitert ist (sog. Zerrüttungsprinzip). Die Ehe ist gescheitert, wenn die Lebensgemeinschaft der Ehegatten nicht mehr besteht und nicht erwartet werden kann, dass die Ehegatten sie wiederherstellen. Das Gesetz enthält verschiedene Zerrüttungsvermutungen je nach Dauer des Getrenntlebens.

Scheinbestandteil
[§ 95]
★

⇨ Sache, die nur zu einem vorübergehenden Zweck mit einem ⇨ Grundstück verbunden ist. Ist anders als echte Bestandteile sonderrechtsfähig, teilt also nicht das rechtliche Schicksal des

Grundstücks. Maßgeblich ist, ob die Verbindung oder Einfügung nur zu einem vorübergehenden Zweck geschieht.

Scheingeheißperson ★

Jemand, der objektiv keine ⇨ Geheißperson ist, aber aus Sicht der Gegenseite als eine solche erscheint. Nach h.M. wird die Scheingeheißperson wie die Geheißperson behandelt. Die ⇨ Übergabe, an der sie teilnimmt, wirkt also für und gegen den Geheißgeber.

Scheingeschäft [§ 117] ★

Einvernehmliches Hervorrufen des äußeren Scheins eines ⇨ Rechtsgeschäftes, ohne dass die mit dem betreffenden Rechtsgeschäft (simuliertes Geschäft) verbundene Rechtswirkung von den Parteien gewollt wird. Soweit ein anderes Rechtsgeschäft (dissimuliertes Geschäft) gewollt ist und dessen Voraussetzungen vorliegen, ist dieses wirksam.

Schenkung [§§ 516 ff.]

Unentgeltliche Vermögenszuwendung. Unentgeltlichkeit liegt vor, wenn der Beschenkte keine Gegenleistung im weitesten Sinne erbringen muss. Bedarf gemäß § 518 der notarielle ⇨ Beurkundung, ⇨ Heilung ist möglich.

Schenkung auf den Todesfall [§ 2301] ★

Schenkungsversprechen, welches unter der aufschiebenden ⇨ Befristung des Todes des Schenkers und gleichzeitig unter der ⇨ Bedingung des Überlebens des Beschenkten abgegeben wird. Es gelten die Formvorschriften über die ⇨ Verfügungen von Todes wegen. Wird die Schenkung auf den Todesfall noch zu Lebzeiten des Schenkers von ihm selbst vollzogen (⇨ Vollzug), unterliegt sie allerdings den Vorschriften über ⇨ Schenkungen.

Scherzerklärung [§ 118]

⇨ Willenserklärung, deren Rechtsfolge vom Erklärenden nicht ernstlich gewollt ist, und die in der Erwartung abgegeben wird, dass der Mangel der Ernstlichkeit vom Empfänger auch nicht verkannt wird. Eine solche Erklärung ist nichtig, § 122 ordnet aber eine Schadensersatzpflicht an.

Schickschuld ★

Der ⇨ Leistungsort liegt beim Schuldner, der ⇨ Erfolgsort hingegen beim Gläubiger (z.B. ⇨ Versendungskauf).

Schlusserbe

Person, die beim ⇨ Einheitsprinzip i.R.d. ⇨ Berliner Testaments erst nach dem Tod des Letztverstorbenen als ⇨ Erbe des gesamten Nachlasses beider Ehegatten eingesetzt ist und die hinsichtlich des ⇨ Erbfalls des Erstverstorbenen enterbt (⇨ Enterbung) ist.

Schlüssiges Verhalten

Siehe ⇨ Konkludente Erklärung

Schmerzensgeld
[§ 253 II]
★

Ausgleich für immaterielle Schäden bei Körper- oder Gesundheitsverletzungen, bei Freiheitsentziehung oder Verletzung der sexuellen Selbstbestimmung. Schäden, die nicht Vermögensschäden sind, werden gemäß § 253 I nur dann ersetzt, wenn dies gesetzlich angeordnet ist, wie in § 253 II.

Schockschaden

Siehe ⇨ Gesundheitsverletzung

Schriftform
[§§ 126, 127]
★

⇨ Form, für deren Einhaltung über den Inhalt des Rechtsgeschäfts eine Urkunde errichtet wird, die durch den Aussteller durch ⇨ Unterschrift oder durch notariell beglaubigtes Handzeichen unterzeichnet wird. Bei einem Vertrag muss die Unterzeichnung auf derselben Urkunde erfolgen, es sei denn, über den Vertrag werden mehrere gleichlautende Urkunden aufgenommen. Wird sie vertraglich vereinbart, so genügt im Zweifel auch ⇨ Textform.

Schriftform beim Verbraucherdarlehen
[§§ 492, 494]

Modifikation der ⇨ Schriftform für ⇨ Verbraucherdarlehensverträge. Es genügt die getrennte schriftliche Erklärung von Angebot und Annahme. Auch ist bei automatischer Erklärung keine Unterzeichnung des Darlehensgebers erforderlich. Der Vertrag muss bestimmte Pflichtangaben enthalten. Verstoß führt zunächst zur Nichtigkeit, aber es ist eine zugunsten des Verbrauchers modifizierende ⇨ Heilung möglich.

Schuldanerkenntnis
[§ 781]
★

Vertrag, durch den das Bestehen eines Schuldverhältnisses anerkannt wird. Das formlose deklaratorische Schuldanerkenntnis bestätigt eine bereits bestehende Schuld, sodass alle rechtlichen und tatsächlichen Einwendungen ausgeschlossen werden, die der Schuldner bei Abgabe kannte oder mit denen er rechnen konnte. Das formgebundene konstitutive Schuldanerkenntnis schafft hingegen unabhängig von einem bestehenden Schuldgrund eine neue Verpflichtung, kann aber kondiziert werden (vgl. § 812 II), wenn der Schuldgrund Mängel hat.

Schuldbeitritt

Vertrag, mit dem ein Dritter eine Schuld gegenüber dem Gläubiger als eigene in der Weise übernimmt, dass er neben dem weiterhin verpflichteten bisherigen Schuldner als ⇨ Gesamtschuldner haftet.

Schuldner
[§ 241 I]
★

Person, die aus einem Schuldverhältnis dem Gläubiger gegenüber verpflichtet ist, eine ⇨ Leistung zu erbringen.

Schuldrechtliche Sonderverbindung [§ 311 II, III]

Die für einen Schadensersatzanspruch aus ⇨ culpa in contrahendo erforderliche Sonderverbindung zwischen den Parteien. Sie wird begründet durch die Aufnahme konkreter Vertragsverhandlungen, durch die bloße Anbahnung eines Vertrags, durch einen ähnlichen geschäftlichen Kontakt oder durch Inanspruchnahme von besonderem persönlichen Vertrauen (§ 311 III 2).

Schuldübernahme, befreiende [§§ 414, 415]

Vertrag, mit dem ein Dritter eine Schuld gegenüber dem Gläubiger als eigene in der Weise übernimmt, dass er an die Stelle des bisherigen Schuldners tritt.

Schuldverhältnis ★

Pflichtenbegründende Sonderbeziehung zwischen zwei oder mehreren Personen. Zu unterscheiden sind rechtsgeschäftliche Schuldverhältnisse, ⇨ rechtsgeschäftsähnliche Schuldverhältnisse sowie ⇨ gesetzliche Schuldverhältnisse.

Schuldversprechen [§ 780]

Vertrag, durch den eine Leistung in der Weise versprochen wird, dass das Versprechen die Leistung selbstständig begründen soll. Wird wie das ⇨ Schuldanerkenntis behandelt.

Schutzgesetz
[§ 823 II]
★

Jedes ⇨ Gesetz, das ein Ge- oder Verbot ausspricht und zumindest auch die Interessen einzelner Personen oder Personenkreise gegen die Verletzung von bestimmten Rechtsgütern schützen soll (Individualschutz).

Schwägerschaft
[§ 1590]

Beziehung zwischen einem ⇨ Ehegatten und den Verwandten des anderen Ehegatten. Der Grad der Schwägerschaft bestimmt sich nach der Linie und dem Grad der ⇨ Verwandtschaft, z.B. ist die Schwester der Ehefrau die Schwägerin zweiten Grades in Seitenlinie des Ehemannes. Die Schwägerschaft besteht auch nach Auflösung der Ehe fort.

Schwebend unwirksames Rechtsgeschäft

⇨ Rechtsgeschäft, das bis zu seiner Genehmigung (⇨ Zustimmung) unwirksam ist, durch deren Erteilung aber rückwirkend (§ 184 I) wirksam werden kann. Während des Schwebezustands sind die Parteien grds. an das Rechtsgeschäft gebunden (Ausnahmen: §§ 109, 178, 1830).

Schweigen

Schweigen ist – soweit nicht die Voraussetzungen einer ⇨ konkludenten Erklärung vorliegen – keine ⇨ Willenserklärung. Ausnahmsweise wird dem Schweigen gesetzlich Erklärungswert beigemessen, vgl. §§ 108 II 2, 177 II 2, 516 II 2, § 362 HGB.

Seinerseits Erforderliche
[§ 243 II]
★

Das seinerseits Erforderliche hat der Schuldner getan, wenn er alles getan hat, was von seiner Seite zur Erfüllung einer ⇨ Gattungsschuld notwendig ist. Bei der ⇨ Holschuld hat der Schuldner die von ihm zur Erfüllung ausgewählte Sache auszusondern. Bei der ⇨ Schickschuld muss der Schuldner die ausgewählte Sache der Transportperson übergeben. Bei der ⇨ Bringschuld hat der Schuldner die Sache in einer den ⇨ Annahmeverzug begründenden Weise anzubieten.

Seitenlinie

Siehe ⇨ Verwandtschaft

Selbsthilfe
[§ 229]

Durchsetzung oder Sicherung eines Anspruchs mittels privater Gewalt. Selbsthilfe ist nur dann nicht ⇨ rechtswidrig, wenn sie zur Sicherung eines eigenen, tatsächlich existierenden Anspruchs erfolgt, obrigkeitliche Hilfe nicht rechtzeitig zu erreichen ist und ohne sofortiges Handeln die Durchsetzung des Anspruchs gefährdet wäre. Zum Selbsthilferecht des Besitzers gem. §§ 859 ff. s. ⇨ verbotene Eigenmacht.

Selbstkontrahieren

Siehe ⇨ Insichgeschäft

Selbstschuldnerische Bürgschaft
[§ 773 I Nr. 1]

s. ⇨ Einrede der Vorausklage

Selbstständige Garantie
[§ 443]

Im Gegensatz zur ⇨ unselbstständigen Garantie schaffen selbstständige Garantien ein eigenes Haftungsregime außerhalb der kaufrechtlichen Gewährleistung; es kommt ein vom Kaufvertrag zu unterscheidender Garantievertrag (§ 311 I) zustande.

Selbstvornahme (der Entfernung und des Einbaus)
[§ 439 III, Inkrafttreten am 01.01.2018]

Hat der Käufer den ⇨ Einbau oder die ⇨ Anbringung einer mangelhafte Kaufsache durchgeführt, so darf er die Sache selbst ausbauen und die neue bzw. reparierte Sache selbst einbauen bzw. anbringen. Seine ⇨ Aufwendungen muss der Verkäufer ersetzen.

Selbstvornahme (der Nacherfüllung)
★

Mängelbeseitigung durch den Gläubiger des Gewährleistungsanspruchs. Im Werkrecht bzw. Mietrecht ist die Selbstvornahme in § 637 bzw. § 536 a II geregelt, im Kaufrecht jedoch nicht vorgesehen. Beseitigt der Käufer den Mangel ohne Fristsetzung selbst, hat er keinen Anspruch auf Ersatz seiner Aufwendungen aus GoA oder §§ 812 ff., weil das Gewährleistungsrecht ⇨ lex specialis ist. Teilweise wird aber eine ⇨ Vorteilsanrechnung analog § 326 II 2 bejaht.

Sicherungsabrede ★

Schuldrechtlicher Vertrag, in welchem der ⇨ Sicherungsgeber verspricht, dem ⇨ Sicherungsnehmer eine bestimmte Sicherheit für eine Forderung einzuräumen. Die Einräumung der Sicherheit selbst (z.B. ⇨ Bürgschaft, ⇨ Sicherungsübereignung, ⇨ Sicherungsabtretung, ⇨ Sicherungsgrundschuld, ⇨ Hypothek) ist von der Sicherungsabrede zu abstrahieren und zu trennen.

Sicherungsabtretung ★

⇨ Abtretung zur Sicherung einer Forderung. Der ⇨ Zessionar alias ⇨ Sicherungsnehmer kann die Forderung einziehen, falls sein Schuldner die gesicherte Forderung nicht erfüllen kann. Eine Sicherungsabtretung kann insbesondere wegen ⇨ Übersicherung, ⇨ Knebelung oder ⇨ Verleitung zum Vertragsbruch unwirksam sein.

Sicherungsgeber

Der, der eine Sicherheit gewährt, z.B. der Eigentümer einer Sache oder der Inhaber einer Forderung. Er kann mit dem Schuldner der zu sichernden Forderung identisch oder von diesem verschieden sein.

Sicherungsgrundschuld [§ 1192 I a]

⇨ Grundschuld zur Sicherung einer Forderung. Über die Sicherungsabrede ist sie, obwohl ⇨ abstrakt, an die gesicherte Forderung geknüpft, sodass mittelbar eine gewisse ⇨ Akzessorietät besteht.

Sicherungsnehmer

Der, der eine Sicherheit erhält. Er ist in aller Regel zugleich der Gläubiger der zu sichernden Forderung.

Sicherungsübereignung ★

⇨ Übereignung einer Sache zur Sicherung einer Forderung. Die Sicherungsübereignung hat die Verpfändung weitgehend verdrängt, weil diese grds. die ⇨ Übergabe der verpfändeten Sache an den Pfandgläubiger voraussetzt. Demgegenüber verbleibt bei Sicherungsübereignung der Schuldner im Besitz der Sache, da diese durch Vereinbarung eines ⇨ Besitzmittlungsverhältnisses übereignet wird.

Sicherungsvertrag

Synonym für ⇨ Sicherungsabrede

Simuliertes Geschäft

Siehe ⇨ Scheingeschäft

Singularsukzession

Synonym für ⇨ Einzelrechtsnachfolge

Sittenwidrigkeit [§ 138 I] ★

Verstoß gegen das Rechts- und Anstandsgefühl aller billig und gerecht Denkenden. Ein objektiver Sittenverstoß kann sich aus dem Inhalt des Rechtsgeschäfts, seinem Zweck oder den Beweggründen der Parteien bei der Vornahme ergeben. In subjektiver Hinsicht bedarf es der Kenntnis der die Sittenwidrigkeit begründenden Umstände.

Sitz [§ 24]

Der Sitz einer juristischen Person entspricht dem ⇨ Wohnsitz der natürlichen Person; er ist maßgeblich für den Gerichtsstand (§ 17 ZPO) und das auf die juristische Person anwendbare Recht.

Sondereigentum [§ 3 WEG]

Alleineigentum an Wohnungen oder an nicht zu Wohnzwecken dienenden Räumen. Das Sondereigentum stellt eine Ausnahme von dem Grundsatz dar, dass wesentliche Bestandteile eines Gebäudes oder Grundstücks keine ⇨ Sonderrechtsfähigkeit haben. Das Gegenstück zum Sondereigentum bildet das Gemeinschaftseigentum, etwa an Hausfluren, Garagen und Gärten.

Sondergut

Siehe ⇨ Gesamtgut

Sonderrechtsfähigkeit

Siehe ⇨ Scheinbestandteil

Sonstiges Recht
[§ 823 I]
★

Jedes ⇨ absolute, d.h. gegenüber jedermann, wirkende Recht. Anerkannt sind: beschränkt dingliche Rechte, dingliche Anwartschaftsrechte, absolute Immaterialgüterrechte sowie Mitgliedschaftsrechte an einer GmbH oder an einem eingetragenen Verein. Keine sonstigen Rechte sind insbes. das Vermögen und Forderungsrechte. Problematisch ist die Einordnung als sonstiges Recht beim Besitz, dem Recht am Arbeitsplatz und den Familienrechten.

Sorgfalt in eigenen Angelegenheiten

Synonym für ⇨ diligentia quam in suis

Sozialtypisches Verhalten
★

Nach der früheren Lehre vom faktischen Vertrag konnte die rein tatsächliche Inanspruchnahme einer Leistung für Massen (z.B. Busfahrt) zu einer vertraglichen Bindung führen, auch ohne ⇨ Erklärungsbewusstsein. Nach heute h.M. ist hingegen ausnahmslos eine Willenserklärung erforderlich, zumindest durch ⇨ konkludente Erklärung aufgrund eines Verhaltens, dass sozialtypischerweise mit einem Vertragsschluss einhergeht. Sogar eine entgegenstehende Erklärung ist dann gemäß § 242 unbeachtlich (protestatio facto contraria non valet: „Ich werde diese Busfahrt nicht bezahlen.").

Sperrwirkung, insbes. des EBV
[§ 993 I Hs. 2]
★

Allgemein: Unanwendbarkeit einer Norm, weil der Sachverhalt in einer spezielleren Norm abschließend geregelt ist (⇨ lex specialis derogat legi generali.). § 993 I Hs. 2 schreibt dies hinsichtlich der Schadens- und Nutzungesersatzansprüche (str., ob auch Verwendungsersatzansprüche) des ⇨ Eigentümer-Besitzer-Verhältnisses vor. Gesperrt werden die §§ 812 ff. und §§ 823 ff.

Speziesschuld

Synonym für ⇨ Stückschuld

Stellen von Vertragsbedingungen
[§ 305]

Vorschlagen der ⇨ allgemeinen Geschäftsbedingungen. Auf ein Ungleichgewicht der Parteien kommt es nicht an, auch ein Verbraucher kann AGB stellen.

Stellvertretendes commodum
[§§ 285, 326 III]
★

Der ⇨ Gegenstand, den der ⇨ Schuldner infolge der ⇨ Unmöglichkeit der ⇨ Leistung (i.S.d. Schuldrechts) von einem Dritten erlangt hat. Der ⇨ Gläubiger kann diesen Gegenstand herausverlangen. Der Wert des Gegenstands wird dann allerdings auf einen etwaigen Schadensersatzanspruch angerechnet und der Gläubiger bleibt zur ⇨ Gegenleistung verpflichtet.

Stellvertretung
[§§ 164 ff.]
★

Rechtsgeschäftliches Handeln im Namen eines anderen. Zu unterscheiden sind aktive Stellvertretung, bei der der ⇨ Erklärungsvertreter eine ⇨ Willenserklärung abgibt, und die passive Stellvertretung durch den ⇨ Empfangsvertreter, welche nur bei ⇨ empfangsbedürftigen Willenserklärungen möglich ist. Folge der Stellvertretung ist, dass die Rechtsfolgen des Rechtsgeschäfts nicht den Vertreter, sondern den Vertretenen treffen.
Die §§ 164 ff. werden bei ⇨ rechtsgeschäftsähnlichen Handlungen analog angewendet. Keine Stellvertretung ist möglich bei ⇨ Realakten sowie bei ⇨ höchstpersönlichen Rechtsgeschäften.
Voraussetzung der Stellvertretung ist, dass der Vertreter eine ⇨ eigene Willenserklärung abgibt, im Namen des Vertretenen handelt (⇨ in fremdem Namen) und ⇨ Vertretungsmacht hat. Eine Ausnahme vom ⇨ Offenkundigkeitsprinzip gilt insbesondere beim ⇨ Geschäft für den, den es angeht.

Stiftung

Juristische Person, die einen von einem Stifter bestimmten Zweck mithilfe eines dazu gewidmeten Vermögens dauernd fördern soll. Die Stiftung hat keine Mitglieder, sondern ausschließlich Nutznießer (sog. Destinatäre), die aber keinen Einfluss auf die Geschäfte der Stiftung haben.

Stillhalteabkommen

Abrede, eine fällige Forderung zeitweilig nicht geltend zu machen. Als Einrede nur dann zu berücksichtigen, wenn der Schuldner sich auf die Abrede beruft.

Stoffgleichheit
[§ 823 I]
★

Besteht, wenn die Sache wegen des Mangels von vornherein völlig wertlos ist oder wenn das mit dem Fehler behaftete Einzelteil mit der Gesamtsache eine nur schwer trennbare Einheit bildet oder wenn der Mangel nicht in wirtschaftlich vertretbarer Weise behoben werden kann. Dient der Feststellung, ob ein ⇨ weiterfressender Mangel besteht.

Störer
[§ 1004]
★

Der, der das ⇨ Eigentum beeinträchtigt und gegen den daher der ⇨ Unterlassungs- und Beseitigungsanspruch besteht. Der Handlungsstörer beeinträchtigt das Eigentum durch seine ⇨ Handlung. Der Zustandsstörer ist Eigentümer, Besitzer oder Verfügungsbefugter der störenden Sache und die Störung geht dabei zumindest mittelbar auf seinen Willen zurück.

Störung der Geschäftsgrundlage
[§ 313]

Nachträgliche Änderung, also Wegfall der ⇨ Geschäftsgrundlage bzw. anfängliche Fehlvorstellung über Umstände, d.h. Fehlen der Geschäftsgrundlage, die so wesentlich ist, dass die Parteien den

Vertrag nicht oder mit anderem Inhalt geschlossen hätten, wenn sie dies erkannt hätten.

Störungsbeseitigung [§ 1004 I 1]

Bloße Beseitigung einer Störung für die Zukunft, grundsätzlich ohne darüber hinausgehende ⇨ Restitution des Zustands vor Beginn der Störung.

Strohmanngeschäft

Häufiger Fall der ⇨ mittelbaren „Stellvertretung". Ein Hintermann, der unerkannt bleiben will, lässt einen Vordermann im eigenen Namen ein Geschäft abschließen.

Stückschuld ★

Schuld, bei der im Gegensatz zur ⇨ Gattungsschuld der Leistungsgegenstand von den Parteien individuell bestimmt ist. Existiert der Leistungsgegenstand nicht oder geht er vor ⇨ Gefahrübergang unter, so besteht ⇨ Unmöglichkeit.

Stundung

Anfängliches oder nachträgliches Hinausschieben der Fälligkeit einer Forderung durch Vertrag oder gerichtliche Entscheidung. Die anfängliche Stundung verhindert die Fälligkeit und daher den Beginn der Verjährung (§ 199 I Nr. 1). Die nachträgliche Stundung setzt die Fälligkeit aus, führt i.d.R. zum Neubeginn der Verjährung (§ 212 I Nr. 1) und hemmt die Verjährung gem. § 205.

Subjektive Unmöglichkeit — Siehe ⇨ Unmöglichkeit

Substanzschaden — Der in der Beschädigung oder Zerstörung einer Sache liegende ⇨ Schaden. Grds. nur dem Eigentümer als Träger des ⇨ Integritätsinteresses zu ersetzen. Ausnahmsweise muss dem Besitzer der Substanzschaden ersetzt werden, wenn er das Risiko für die Unversehrtheit der Sache trägt (⇨ Haftungsschaden).

Sukzession — Synonym für ⇨ Rechtsnachfolge

Sukzessivlieferungsvertrag — Vertrag über eine im Voraus festgelegte Gesamtmenge von Waren oder Leistungen, die in Raten geliefert wird. Beachte bei Lieferung eines Unternehmers an einen Verbraucher § 510. Abzugrenzen vom ⇨ Dauerlieferungsvertrag.

Surrogationsmethode ★ — Methode zur Berechnung des ⇨ Erfüllungsinteresses beim ⇨ Schadensersatz statt der Leistung. Es wird nur auf das Leistungsinteresse des Gläubigers an der ausgefallenen Leistung abgestellt. Der Anspruch auf die ⇨ Gegenleistung bleibt bestehen und der Schadensersatzanspruch tritt an die Stelle des entfallenen Primäranspruchs. Alternative: ⇨ Differenzmethode

---

Synallagma
[§§ 320–326]
★

Gegenseitige Abhängigkeit von ⇨ Leistung und ⇨ Gegenleistung bei einem ⇨ gegenseitigen Vertrag.

Systematische Auslegung

Ermittlung des Norminhalts nach ihrer Stellung im Normgefüge.

Taschengeldparagraph
[§ 110]

Vorschrift, nach der ein von einem Minderjährigen ohne die erforderliche Zustimmung des gesetzlichen Vertreters geschlossener Vertrag wirksam ist, wenn der Minderjährige die vertragsgemäße Leistung mit eigenen Mitteln bewirkt.

Tatsache
[§ 824]
★

Alle konkreten Geschehnisse oder Zustände der Gegenwart oder Vergangenheit, die dem Beweis zugänglich sind. Abzugrenzen vom ⇨ Werturteil.

Tatsächliches Angebot
[§ 294]

Ordnungsgemäßes, d.h. zur richtigen Zeit am richtigen Ort in der richtigen Weise erfolgendes Angebot einer Leistung derart, dass der Gläubiger nur noch zuzugreifen braucht. Nichtannahme begründet ⇨ Annahmeverzug des Gläubigers.

Tauschvertrag [§ 480]	⇨ Gegenseitiger Vertrag, bei dem sich die Vertragsparteien zur Übertragung eines bestimmten ⇨ Gegenstandes gegen Übertragung eines anderen bestimmten Gegenstandes verpflichten. Die Vorschriften des ⇨ Kaufvertrags gelten entsprechend.
Teilbesitz [§ 856]	⇨ Besitz an einem Teil einer Sache.
Teilgläubiger	⇨ Gläubigermehrheit, bei welcher jeder Gläubiger nur einen Teil der Leistung verlangen kann.
Teilleistung [§ 266]	Absichtliche Lieferung eines Teils einer größeren, teilbaren ⇨ Leistung (i.w.S. des Schuldrecht AT). Der Schuldner ist zu ihr nicht berechtigt, der Gläubiger kann sie aber freiwillig akzeptieren. Eine zulässige Teilleistung führt zur teilweisen ⇨ Erfüllung.
Teilschuldner [§ 420]	Mehrheit von ⇨ Schuldnern, bei welcher jeder Schuldner nur auf einen Teil der Leistung in Anspruch genommen werden kann.
Teleologische Auslegung	Ermittlung des Norminhalts anhand ihres Sinnes und Zweckes.

Teleologische Reduktion ★

Nichtanwendung einer Norm auf einen Fall, obwohl dieser nach dem Wortlaut von den Voraussetzungen erfasst wird, weil die konkrete Interessenlage erheblich von der Interessenlage abweicht, die in der Norm geregelt werden sollte. Gegenstück zur ⇨ Analogie.

Termin
[§§ 186 ff.]

Bestimmter Zeitpunkt, an dem etwas geschehen oder eine Rechtsfolge eintreten soll.

Testament

⇨ Einseitiges Rechtsgeschäft, in dem der ⇨ Erblasser Anordnungen für seinen Todesfall treffen kann, insbes. einen ⇨ Erben bestimmen (§ 1937), ein ⇨ Vermächtnis zuwenden, eine ⇨ Auflage anordnen und einen ⇨ Testamentsvollstrecker einsetzen.

Testamentsvollstrecker
[§§ 2197 ff.]

Person, die der Erblasser zur Vollziehung seiner letztwilligen Verfügungen oder zur ordnungsgemäßen Verwaltung des Nachlasses eingesetzt hat.

Testierfähigkeit
[§ 2229 I]

Fähigkeit, ein Testament zu errichten, aufzuheben oder zu verändern. Testierfähig sind Volljährige sowie ⇨ Minderjährige nach Vollendung des 16. Lebensjahres.

Testierfreiheit

Von Art. 14 I 1 GG garantierter Bestandteil der ⇨ Privatautonomie. Freiheit des ⇨ Erblassers, durch ⇨ Verfügung von Todes wegen zu bestimmen, wer sein ⇨ Erbe werden soll. Wird beschränkt durch das Pflichtteilsrecht (⇨ Pflichtteil).

Textform
[§ 126 b]
★

⇨ Form des Rechtsgeschäfts. Die Erklärung muss lesbar sein, den Aussteller erkennen lassen und auf einem dauerhaften, d.h. vom Erklärenden nicht mehr veränderbaren Datenträger abgegeben werden. Wird z.B. erfüllt durch Briefe, E-Mails, SMS u.ä. Messenger, Telefaxe und downloadbare Dateien nach ihrem Download.

Tierhalter
[§ 833]

Derjenige, dem die Bestimmungsmacht über das Tier zusteht, der aus eigenem Interesse für die Kosten des Tieres aufkommt und das wirtschaftliche Risiko trägt.

Tierhalterhaftung
[§ 833]

Gefährdungshaftung des ⇨ Tierhalters für von Tieren verursachte Schäden an Leib, Leben oder Eigentum Dritter, soweit sich die spezifische Tiergefahr realisiert hat. Zu differenzieren ist zwischen der verschuldensunabhängigen Haftung für ⇨ Luxustiere und der Haftung für ⇨ Nutztiere, bei welcher ⇨ Exkulpation möglich ist.

Totaldissens

Angebot und Annahme sind hinsichtlich der ⇨ essentialia negotii nicht deckungsgleich. Es kommt kein Vertrag zustande. Der Totaldissens ist gesetzlich nicht geregelt. Abzugrenzen vom ⇨ offenen Dissens und ⇨ versteckten Dissens (§§ 154 f.), bei welchen ein Einigungsmangel hinsichtlich sonstiger Punkte besteht.

Trennungsprinzip

Gestaltungsmöglichkeit beim ⇨ Berliner Testament, bei dem jeder den Partner zum ⇨ Vorerben und einen Dritten zum ⇨ Nacherben einsetzt und, für den Fall, dass der andere Partner zuerst sterben sollte, den Dritten (oft: die Kinder) zum ⇨ Ersatzerben. Verstirbt der erste Partner, sind beim Überlebenden zwei getrennte Vermögensmassen zu unterscheiden, nämlich das eigene Vermögen sowie das vom Partner erworbene Vermögen, hinsichtlich dessen er die Stellung eines in seiner Verfügungsmacht beschränkten ⇨ Vorerben und der Dritte die eines ⇨ Nacherben hat.

Treu und Glauben
[§ 242]
★

Herrschende sozialethische Vorstellung von Rücksichtnahme auf berechtigte Interessen anderer, Redlichkeit und Loyalität, die zugleich als Rechtsprinzip der Rechtsausübung und -auslegung Schranken setzt und rechtliche Verhaltensanforderungen postuliert. Wirkt in der gesamten Rechtsordnung

---

Typenfixierung

Synonym für ⇨ numerus clausus

Typenzwang
★

Im Sachenrecht besteht, anders als im Schuldrecht, keine ⇨ Privatautonomie; vielmehr müssen sich die Parteien der im Sachenrecht geregelten dinglichen Rechte ⇨ bedienen.

Typisches Transportrisiko
[§ 447]
★

Typischerweise bei der Versendung der Kaufsache durch äußere Umstände oder Fehler des Versandpersonals auftretende Gefahren wie etwa Verlust oder Beschädigung.

Überbau
[§ 912 I]

Errichtung eines Gebäudes über die Grenze des ⇨ Grundstücks. Fällt dem Erbauenden weder Vorsatz noch grobe Fahrlässigkeit zur Last, so muss der Betroffene den Überbau dulden, erhält aber eine Entschädigung

---

Übereignung beweglicher Sachen
[§§ 929 ff.]
★

Übertragung des ⇨ Eigentums an ⇨ beweglichen Sachen durch ⇨ Rechtsgeschäft. Erfordert Einigung zwischen dem Veräußerer und dem Erwerber, ⇨ Übergabe der Sache an den Erwerber oder ⇨ Übergabesurrogat, Einigsein im Zeitpunkt der Vollendung des Rechtserwerbs sowie ⇨ Berechtigung des Veräußerers. ⇨ Erwerb vom Nichtberechtigten ist möglich.

Übereignung von Grundstücken
[§ 873]
★

Übertragung des ⇨ Eigentums an ⇨ Grundstücken durch ⇨ Rechtsgeschäft. Erfordert ⇨ Auflassung, Eintragung des Erwerbers als Eigentümer in das ⇨ Grundbuch, Einigsein im Zeitpunkt der Vollendung des Rechtserwerbs sowie ⇨ Berechtigung des Veräußerers. ⇨ Erwerb vom Nichtberechtigten ist möglich.

Übergabe
[§ 929 S. 1]
★

Hinreichende Verschaffung einer Besitzstellung im Rahmen der ⇨ Übereignung beweglicher Sachen. Erfordert Erwerb (zumindest) ⇨ mittelbaren Besitzes auf Erwerberseite, vollständigen Besitzverlust auf Veräußererseite und eine Veranlassung des Besitzwechsels durch den Veräußerer. Sowohl für Erwerber als auch Veräußerer können ⇨ Besitzdiener (§ 855), Besitzmittler (§ 868) und ⇨ Geheißpersonen eingeschaltet werden. Strittig ist, ob zudem ein Wechsel der Person des unmittelbaren Besitzers erforderlich ist.

Übergabesurrogate
[§§ 929 S. 2, 930, 931]
★

Eine ⇨ Übergabe kann durch eines der folgenden Übergabesurrogate ersetzt werden:
- Übergabe kurzer Hand (wenn der Erwerber schon im ⇨ Besitz der ⇨ Sache ist, genügt Einigung über den Eigentumsübergang)
- Vereinbarung eines ⇨ Besitzkonstituts (wenn der Veräußerer auch nach der Eigentumsübertragung unmittelbarer Besitzer der Sache bleiben soll, kann zwischen Veräußerer und Erwerber ein ⇨ Besitzmittlungsverhältnis begründet werden) und

– ⇨ Abtretung eines ⇨ Herausgabeanspruchs (wenn ein Dritter im Besitz der Sache ist, kann der Veräußerer dem Erwerber seinen Herausgabeanspruch gegen den Dritten abtreten, § 931)

Übermittlungsfehler
[§ 120]

Sonderfall des ⇨ Erklärungsirrtums, bei dem eine ⇨ Willenserklärung durch einen vom Erklärenden als Vermittler eingesetzten ⇨ Erklärungsboten unbewusst (str.) unrichtig übermittelt wird.

Übersicherung (anfängliche)
★

Bereits bei Besicherung einer Forderung ist gewiss, dass im noch ungewissen Verwertungsfall ein auffälliges Missverhältnis zwischen dem realisierbaren Wert der Sicherheit und der gesicherten Forderung besteht. Führt nach § 138 I wegen ⇨ Sittenwidrigkeit zur Nichtigkeit der ⇨ Sicherungsabrede und auch (h.M.) der ⇨ Sicherungsübereignung bzw. ⇨ Sicherungsabtretung selbst, wenn die Übersicherung auf einer verwerflichen Gesinnung des ⇨ Sicherungsnehmers beruht.

Übersicherung (nachträgliche)
★

Der realisierbare Wert der Sicherheit (⇨ Sicherungsübereignung ⇨ Sicherungsabtretung) übersteigt 110 % der gesicherten Forderung, weil nachträglich die Forderung ratenweise getilgt wird. Analog § 237 wird vermutet, dass nur 2/3 des Schätzwertes realisierbar sind. Daher besteht eine widerlegliche Vermutung, dass eine Übersicherung gegeben ist, wenn der Schätzwert des Sicherungsgutes 150 % der gesicherten Forderung beträgt. Führt nicht zur Nichtigkeit nach § 138 I. Es besteht lediglich ein ermessensunabhängiger Freigabeanspruch des ⇨ Sicherungsgebers. Entgegenstehende AGB sind gem. § 307 unwirksam.

Umgehungsgeschäft
★

⇨ Rechtsgeschäft, das den von einem gesetzlichen Verbot missbilligten Erfolg auf einem anderen Weg zu erreichen versucht, der vom Wortlaut der Verbotsnorm nicht erfasst ist. Teilweise ausdrücklich als unwirksam normiert (vgl. z.B. § 475 I 2 und ab dem 01.01.2018 § 650 o), im Übrigen im Einzelfall nichtig nach § 242.

Umstandsmoment

Siehe ⇨ Verwirkung

Unerheblichkeit
[§§ 281 I 3, 323 V 2]
★

Eine ⇨ Pflichtverletzung ist unerheblich, wenn unter Berücksichtigung der Intensität der Pflichtverletzung und dem für die Beseitigung erforderlichen Aufwand ein ⇨ Schadensersatzanspruch statt der ganzen Leistung bzw. ein ⇨ Rücktritt unangemessen ist.

Ungerechtfertigte Bereicherung
[§§ 812 ff.]

⇨ Gesetzliches Schuldverhältnis, das durch eine ungerechtfertigte Vermögensverschiebung begründet wird und auf deren Ausgleich zielt. S. ⇨ Leistungskondiktion und ⇨ Nichtleistungskondiktion.

Universalsukzession

Synonym für ⇨ Gesamtrechtsnachfolge

Unmittelbare Sachfrüchte
[§ 99 I]

⇨ Erzeugnisse einer Sache und die sonstige bestimmungsgemäße Ausbeute.

Unmittelbarer Besitz
[§ 854 I]
★

Ausübung der tatsächlichen Gewalt über eine Sache. Erfordert eine räumliche Beziehung zur Sache von gewisser Dauer, die es dem Besitzer ermöglicht, tatsächlich auf die Sache einzuwirken. Ferner muss der Besitzer den natürlichen (keine ⇨ Geschäftsfähigkeit erforderlich) Willen zur Sachherrschaft haben.

Unmöglichkeit
[§ 275]
★

Nichterbringbarkeit der ⇨ Leistung i.S.d. Schuldrechts, weil entweder niemand in der Lage ist, die Leistung zu erbringen (objektive Unmöglichkeit), oder nur der Schuldner nicht leisten kann (subjektive Unmöglichkeit). Gem. § 275 I entfällt der Anspruch auf die Leistung. Der Unmöglichkeit steht die sog. faktische oder auch praktische Unmöglichkeit gem. § 275 II (die Leistung ist zwar theoretisch noch möglich, kann aber von einem vernünftigen Gläubiger nicht ernsthaft erwartet werden) gleich. Gem. § 275 III besteht zudem ein Leistungsverweigerungsrecht, wenn der Schuldner persönliche Leistungen zu erbringen hat, die ihm nicht zumutbar sind.

Unrechtmäßiger Besitzer
[§ 986]
★

Der, der weder ein eigenes ⇨ Recht zum Besitz hat noch ein solches von einem berechtigten Besitzer ableiten kann.

Unselbstständige Garantie

Fall der ⇨ Garantie. Erweitert die kaufrechtlichen Gewährleistungsrechte zugunsten des Käufers.

Unterbevollmächtigung

Erteilung einer ⇨ Vollmacht nicht durch den Vertretenen selbst, sondern durch dessen (Haupt-)Bevollmächtigten. Ob sie von der Vertretungsmacht des Hauptbevollmächtigten umfasst wird, ist durch Auslegung der Hauptvollmacht zu ermitteln.

Unterlassungs- und Beseitigungsanspruch
[§ 1004]
★

Im Falle einer ⇨ Eigentumsbeeinträchtigung kann der ⇨ Eigentümer gem. § 1004 I von dem ⇨ Störer die Beseitigung der Beeinträchtigung oder im Falle der Besorgnis weiterer Beeinträchtigungen Unterlassung verlangen. Bei Besitzentziehung greift § 985, bei unberechtigter Eintragung im ⇨ Grundbuch § 894 als speziellere Vorschrift ein. § 1004 wird extensiv angewendet, s. ⇨ quasi-negatorischer Unterlassungs- bzw. Abwehranspruch.

Unternehmensbezogenes Geschäft [§ 164 I 2] ★
Wird jemand erkennbar im Tätigkeitsbereich eines Unternehmens tätig, ergeben die Umstände in der Regel ein Handeln im Namen des Unternehmers, ohne dass der Handelnde darauf ausdrücklich hinweisen müsste.

Unternehmer [§ 14] ★
Jede Person, die bei Abschluss eines Rechtsgeschäftes in Ausübung ihrer gewerblichen oder selbstständigen beruflichen Tätigkeit handelt. Bei Geschäften über sowohl private als auch gewerblich bzw. freiberuflich genutzte Gegenstände („dual-use") ist der Schwerpunkt maßgeblich, vgl. § 13 „überwiegend".

Unternehmer [§§ 631 ff.]
Partei des ⇨ Werkvertrags.

Unternehmerpfandrecht [§ 647]
Gesetzliches ⇨ Pfandrecht des ⇨ Unternehmers (§§ 631 ff.) für seine Forderungen an den beweglichen Sachen des ⇨ Bestellers, die in seinen Besitz gelangt sind.

Unternehmerregress [§§ 478 f.]
Rückgriff des ⇨ Unternehmers gegen seinen ⇨ Lieferanten, wenn der Unternehmer als Letztverkäufer bei einem ⇨ Verbrauchsgüterkauf eine neue, mangelhafte Kaufsache ⇨ zurücknehmen musste oder auf die Minderung des Kaufpreises in Anspruch genommen

wurde. Der Unternehmer hat gegen den Lieferanten zu seinen Gunsten modifizierte Gewährleistungsrechte sowie einen eigenständigen Aufwendungsersatzanspruch. Ab dem 01.01.2018 modifizieren die §§ 478 f. den allgemeinen ⇨ Verkäuferregress.

Unterschrift

Handschriftliche Wiedergabe des eigenen ⇨ Namens, grds. des ⇨ Familiennamens. Der Vorname ist auch bei Verwechselungsgefahr entbehrlich. Der Name ist auszuschreiben, abgekürzte Formen (z.B. Paraphen) genügen nicht. Die Unterschrift muss die Identität des Unterzeichnenden ausreichend kennzeichnen, Leserlichkeit ist jedoch nicht erforderlich. Die Unterschrift muss die Urkunde räumlich abschließen.

Untrennbarkeit
[§ 947]

Verbindung zweier Sachen dergestalt, dass sie künftig unlösbar und ununterscheidbar sind oder dass ihre Trennung nur mit unverhältnismäßigen Kosten möglich ist.

Unverzüglich
[§ 121 I 1]
★

Ohne schuldhaftes Zögern, d.h. so schnell, wie nach den jeweiligen Umständen bei Berücksichtigung einer angemessenen Bedenkfrist (subjektiv) zumutbar.

Unvollkommene Verbindlichkeit ★

Synonym für ⇨ Naturalobligation.

Unwahr [§ 824]

Unwahr ist eine ⇨ Tatsache, wenn sie zur Zeit der Äußerung nicht mit der Wirklichkeit übereinstimmt.

Unzulässige Rechtsausübung [§ 242] ★

Dem Gebot der Beachtung von ⇨ Treu und Glauben widersprechende Ausübung subjektiver Rechte bzw. Ausnutzung einer durch Gesetz oder Rechtsgeschäft eingeräumten formalen Rechtsstellung. Fallgruppen: ⇨ venire contra factum proprium, ⇨ dolo agit, qui petit, quod statim redditurus est

---

Urkunde [§ 126] ★

Jede schriftlich verkörperte Willenserklärung, die geeignet und bestimmt ist, im Rechtsverkehr Beweis zu erbringen und den Aussteller erkennen lässt.

Vater [§ 1592]

Gem. § 1592 Nr. 1 gilt als Vater der Mann, der zum Zeitpunkt der Geburt des Kindes mit der Mutter verheiratet war. Gem. § 1592 Nr. 2 ist Vater, wer die Vaterschaft anerkannt hat; ansonsten ist gem. § 1592 Nr. 3 eine Vaterschaftsfeststellung erforderlich.

---

venire contra factum proprium
[§ 242]

(lat.) „Handeln entgegen des eigenen früheren Verhaltens“: Wer eine Sach- oder Rechtslage geschaffen hat, auf die sich der andere Teil verlassen hat und verlassen durfte, der darf sich nicht später durch neue Erklärungen oder Handlungen in Widerspruch hierzu setzen (Unterfall: ⇨ Verwirkung).

Verarbeitung
[§ 950]
★

Auf die Herstellung einer ⇨ neuen beweglichen Sache gerichtete Tätigkeit. Führt nach Maßgabe des § 950 zum Eigentumserwerb des ⇨ Herstellers. Der ⇨ Verarbeitungswert darf ⇨ nicht erheblich geringer sein als der Stoffwert.

Verarbeitungswert
[§ 950]
★

Differenzbetrag zwischen dem ⇨ Wert der neuen Sache und dem Wert aller verarbeiteten Ausgangsstoffe vor der ⇨ Herstellung.

Veräußerungsverbot
[§§ 135, 136]

Auf gesetzlicher oder gerichtlicher bzw. behördlicher Anordnung beruhendes Verbot der ⇨ Verfügung über einen bestimmten Gegenstand. Absolute Veräußerungsverbote, die den Interessen der Allgemeinheit dienen, haben die Wirkung eines gesetzlichen Verbots, sodass die Verfügung gem. § 134 nichtig ist. Die meisten Veräußerungsverbote führen jedoch nur zu einer ⇨ relativen Unwirksamkeit (vgl. relative Verfügungsbeschränkung).

Verbotene Eigenmacht [§ 858] ★	Besitzentziehung oder Besitzstörung ohne oder gegen den Willen des ⇨ unmittelbaren Besitzers und ohne gesetzliche Gestattung (z.B. ⇨ Selbsthilferechte gem. §§ 227–229, 859).
Verbraucher [§ 13] ★	Natürliche Person, die ein Rechtsgeschäft zu einem Zweck abschließt, der überwiegend weder ihrer gewerblichen noch ihrer selbstständigen beruflichen Tätigkeit zugerechnet werden kann.
Verbraucherbauvertrag [§§ 650 i ff.]	Zum 01.01.2018 kodifizierter ⇨ Vertrag durch den der ⇨ Unternehmer (i.S.v. § 14 und zugleich von § 631) von einem ⇨ Verbraucher zum Bau eines neuen Gebäudes oder zu erheblichen Umbaumaßnahmen an einem bestehenden Gebäude verpflichtet wird. Unterfall des ⇨ Werkvertrags, es gelten daher neben §§ 650 i ff., subsidiär die §§ 631 ff. Zudem Spezialfall des ⇨ Bauvertrags, die §§ 650 i ff. gehen daher den §§ 650 a ff. vor.
Verbraucherdarlehensvertrag [§ 491]	⇨ Darlehen, das ein ⇨ Unternehmer einem ⇨ Verbraucher gewährt. Verbraucherdarlehen, die mit einem ⇨ Grundpfandrecht besichert sind oder die dem Erwerb oder der Erhaltung eines Grundstücks dienen, heißen Immobiliar-Verbraucherdarlehensverträge, s. § 491 III. Sonstige Verbraucherdarlehen heißen Allgemein-Verbraucherdarlehensverträge, s. § 491 II 1. Die in § 491 II 2

aufgezählten Fälle sind allerdings keine Verbraucherdarlehen, sondern nur Darlehen.

Verbrauchsgüterkauf
[§ 474 I u. II]
★

⇨ Vertrag, durch den ein ⇨ Verbraucher von einem ⇨ Unternehmer (ggf. neben einer Dienstleistung) eine ⇨ bewegliche Sache kauft. Erfasst sind auch öffentliche, persönlich besuchbare Versteigerungen gebrauchter Sachen, für diese gelten allerdings die §§ 474 III bis V, 475 ff. nicht.

Verbreiten
[§ 824]

Weitergabe der Behauptung eines Dritten, ohne Identifizierung des Weitergebenden mit der Äußerung.

Verbundene Verträge
[§ 358 III]
★

Zusammenhang zwischen einem ⇨ Darlehensvertrag und einem Vertrag über die Lieferung einer Ware bzw. Erbringung einer Dienstleistung dergestalt, dass das Darlehen der Finanzierung des anderen Vertrags dient und mit diesem eine wirtschaftliche Einheit bildet. Die Verträge teilen in gewissem Umfang das gleiche rechtliche Schicksal, siehe ⇨ Widerrufsdurchgriff, ⇨ Einwendungsdurchgriff und ⇨ Rückforderungsdurchgriff.

Verein [§§ 21 ff.]	Auf Dauer angelegter, körperschaftlich organisierter Zusammenschluss von Personen zu einem gemeinsamen (i.d.R. nicht wirtschaftlichen) Zweck.
Verfassungskonforme Auslegung	Ermittlung des Inhalts einer Norm dergestalt, dass sie nicht gegen die Verfassung verstößt.
Verfügung	⇨ Rechtsgeschäft, durch welches ein Recht unmittelbar aufgehoben, übertragen, belastet oder inhaltlich verändert wird. Gegenstand einer Verfügung können sowohl Sachen als auch Rechte sein. Verfügungen unterliegen den allgemeinen Vorschriften über ⇨ Willenserklärungen. Bis zum Vollzug der Rechtsänderung sind sachenrechtliche Einigungen grds. jedoch frei widerruflich (Umkehrschluss aus §§ 873 II, 929 S. 1). Die Einigung muss den ⇨ Bestimmtheitsgrundsatz wahren. Der Verfügende muss ⇨ Berechtigter sein.
Verfügung von Todes wegen [§ 1937]	Oberbegriff für ⇨ Testament und ⇨ Erbvertrag. Kein Unterfall der ⇨ Verfügung.

Verfügungsbefugnis
★

Rechtsmacht über einen ⇨ Gegenstand eine ⇨ Verfügung zu treffen. Sie kann (selbst dem Inhaber des Gegenstands) ersatzlos fehlen (§ 829 I 2 ZPO, sog. Inhibitorium aufgrund der Forderungspfändung) oder auf einen anderen übergegangen sein (z.B. den Insolvenzverwalter §§ 80, 81 InsO).

Vergleich
[§ 779]
★

Schuldrechtlicher ⇨ Vertrag zur Beseitigung eines Streits oder einer Ungewissheit über ein Rechtsverhältnis durch gegenseitiges Nachgeben.

Verhandlungsgehilfe

Person, die für einen anderen Vertragsverhandlungen führt, aber (anders als der ⇨ Vertreter) nicht am Vertragsschluss beteiligt ist. Wird dem Geschäftsherrn zugerechnet, z.B. im Rahmen des § 123.

Verjährung
[§§ 194 ff., insbes. § 214]
★

Zeitablauf, der dem Schuldner die ⇨ Einrede gibt, die Leistung dauerhaft zu verweigern. Gegenstand der Verjährung sind nur ⇨ Ansprüche (§ 194 I). Hinderungsgründe für den Eintritt der Verjährung sind die ⇨ Hemmung der Verjährung, die ⇨ Ablaufhemmung der Verjährung und der ⇨ Neubeginn der Verjährung. Der verjährte Anspruch bleibt aber bestehen, eine gleichwohl erbrachte Leistung kann daher nicht zurückgefordert werden (§§ 214 II, 813 II).

Verjährungsbeginn, regelmäßiger
[§ 199 I]

Die regelmäßige Verjährung ⇨ beginnt am Schluss des Jahres, in dem der Anspruch entstanden ist und der Gläubiger Kenntnis von den anspruchsbegründenden Umständen und der Person des Schuldners erlangt hat oder ohne grobe Fahrlässigkeit hätte erlangen müssen.

Verjährungsfrist

Die regelmäßige ⇨ Frist für die ⇨ Verjährung beträgt drei Jahre (§ 195). Bestimmte Ansprüche im Zusammenhang mit Grundstücken verjähren in 10 Jahren (§ 196). Insbesondere Herausgabeansprüche aus Eigentum und rechtskräftig festgestellte bzw. vollstreckbar titulierte Ansprüche verjähren in 30 Jahren (§ 197). Sondervorschriften bestehen insbesondere für Gewährleistungsansprüche im Kaufrecht (§ 438) und im Werkrecht (§ 634 a). Die Verjährungsfrist kann neu beginnen (⇨ Neubeginn der Verjährung) oder gehemmt (⇨ Hemmung der Verjährung) werden.

Verkäuferregress
§§ 445 a f., Inkrafttreten am 01.01.2018]
★

Rückgriff des Verkäufers gegen seinen ⇨ Lieferanten, wenn er eine neue, mangelhafte Kaufsache ⇨ zurücknehmen musste oder auf die Minderung des Kaufpreises in Anspruch genommen wurde. Der Verkäufer hat gegen den Lieferanten zu seinen Gunsten modifizierte Gewährleistungsrechte sowie einen eigenständigen Aufwendungsersatzanspruch. Anders als der ⇨ Unternehmerregress gilt der Verkäuferregress für alle Kaufverträge.

Verkehrsgeschäft ★

Rechtsgeschäft, bei dem auf Erwerberseite mindestens eine Person beteiligt ist, die in wirtschaftlicher Hinsicht nicht auch auf Veräußererseite beteiligt ist (Gegenbeispiel: Alleingesellschafter einer GmbH überträgt ein Grundstück der GmbH auf sich selbst). Voraussetzung für jeden ⇨ Erwerb vom Nichtberechtigten.

Verkehrssicherungspflicht ★

Für konkrete Situationen und Gefahrenlagen vorgeschriebene Verhaltensweise, deren Verletzung eine Haftung nach § 823 I begründet. Grundsatz: Derjenige, der eine Gefahrenquelle eröffnet hat oder andauern lässt, ist verpflichtet, die notwendigen Vorkehrungen zu treffen, um Gefahren und Schäden von Dritten abzuwenden. Im Wesentlichen bestehen vier Gruppen von Verkehrssicherungspflichten: Haftung für die Sicherheit des eigenen Betriebs, Haftung für die Übernahme einer Aufgabe, ⇨ Ingerenz sowie Amts- oder Berufshaftung.

Verkehrswesentliche Eigenschaften einer Person
[§ 119 II]
★

Natürliche Persönlichkeitsmerkmale sowie solche tatsächlichen und rechtlichen Verhältnisse, die im konkreten Fall Einfluss auf die Willensbildung des Erklärenden nehmen. Beispiele: Solvenz des Bürgen; Führerschein des Taxifahrers

---

Verkehrswesentliche Eigenschaften einer Sache
[§ 119 II]
★

Natürliche Beschaffenheit sowie die außerhalb der Sache selbst liegenden tatsächlichen und rechtlichen Verhältnisse, welche die Beziehung der Sache zur Umwelt betreffen und auf die Brauchbarkeit und den Wert von Einfluss sind. Beachte: Erfasst sind nur die wertbildenden Faktoren, nicht aber der Wert selbst.

Verlängerter Eigentumsvorbehalt
★

Sonderform des ⇨ Eigentumsvorbehalts, bei dem vereinbart wird, dass der Käufer zur ⇨ Übereignung der Vorbehaltsware im ordnungsgemäßen Geschäftsbetrieb ermächtigt ist und die aus der Weiterveräußerung resultierende Kaufpreisforderung im Voraus an den Vorbehaltsverkäufer zu dessen Sicherheit abtritt (sog. Vorausabtretungsklausel). In der Regel erteilt der Vorbehaltsverkäufer dem Käufer wiederum eine ⇨ Einzugsermächtigung und eine ⇨ Empfangsermächtigung.

Verleitung zum Vertragsbruch
★

Eine zur Kreditsicherung mit einer Bank (als ⇨ Sicherungsnehmer) vereinbarte Globalzession (⇨ Sicherungsabtretung) kann wegen Verleitung zum Vertragsbruch ⇨ sittenwidrig und daher gemäß § 138 I nichtig sein, wenn sie auch solche Forderungen umfassen soll, die der Schuldner seinen Lieferanten aufgrund eines in der Branche üblichen ⇨ verlängerten Eigentumsvorbehalts künftig abtreten muss. Die Sittenwidrigkeit lässt sich nur vermeiden, wenn zwischen Schuldner und Bank eine dingliche Teilverzichtsklausel vereinbart wird, die dem verlängerten Eigentumsvorbehalt dinglichen Vorrang einräumt.

Verlieren
[§§ 965 ff.]

Verloren sind ⇨ Sachen, die zwar besitzlos, nicht aber ⇨ herrenlos sind. Nicht besitzlos sind liegengebliebene oder versteckte Sachen oder Sachen, deren Lage bekannt ist und jederzeit ein Wiedererlangen möglich ist, sowie gestohlene oder verlegte Sachen, deren Lage noch nicht endgültig vergessen ist.

Verlöbnis
[§ 1297]

Wechselseitig gegebenes, formlos mögliches Eheversprechen von zwei Personen verschiedenen Geschlechts und dadurch begründetes personenrechtliches Dauerrechtsverhältnis. Nach h.M. ⇨ Vertrag, sodass die allgemeinen Vorschriften über ⇨ Rechtsgeschäfte anwendbar sind (Ausnahmen: ⇨ Anfechtung sowie

⇨ Stellvertretung wegen der ⇨ Höchstpersönlichkeit). Ein Verlöbnis kann weder eingeklagt (§ 1297 I) noch vollstreckt (§ 120 III FamFG) werden. Vgl. für Lebenspartner § 1 IV LPartG.

Vermächtnis
[§ 1939]
★

Vermögensvorteil, den der ⇨ Erblasser einem anderen zuwendet, ohne ihn als ⇨ Erben einzusetzen. Im Gegensatz zum Erben wird der Vermächtnisnehmer mit dem Erbfall nicht Rechtsinhaber des Vermögenswertes, sondern erhält einen schuldrechtlichen Anspruch auf dessen Übertragung gegen den Beschwerten (§ 2147).

Vermengung
[§ 948]

⇨ Untrennbare Zusammenfügung von festen Sachen.

Vermieterpfandrecht
[§§ 562 ff.]

Gesetzliches ⇨ Pfandrecht des Vermieters an den dem Mieter gehörenden, in die Mietsache eingebrachten Sachen zur Sicherung seiner Ansprüche aus dem ⇨ Mietvertrag.

Vermischung
[§ 948]

⇨ Untrennbare Zusammenfügung von Flüssigkeiten.

Vermögensschaden

Minderung des Vermögens durch das zurechenbare Verhalten einer anderen Person. Ein reiner Vermögensschaden ist vom Schutz des § 823 I nicht umfasst. Ein Ersatz von Vermögensschäden ist hingegen gem. §§ 823 II, 826 möglich.

Vermutung
★

Unterstellung einer Tatsache. Kann durch vollen Gegenbeweis (§ 292 ZPO) vernichtet werden. Bei einer ⇨ Fiktion sowie bei ausdrücklicher Anordnung ist ein Gegenbeweis hingegen nicht möglich.

Verpflichtungsgeschäft
★

⇨ Rechtsgeschäft, das die Verpflichtung zu einer Leistung und damit ein Schuldverhältnis i.S.d. § 241 I begründet. Die Wirksamkeit von Verpflichtungen und ⇨ Verfügungen ist voneinander unabhängig. Anders als bei der Verfügung gibt es bei den Verpflichtungen keinen ⇨ numerus clausus und keinen ⇨ Typenzwang.

Verrichtungsgehilfe
[§ 831]
★

Der, der mit Wissen und Wollen des Geschäftsherrn in dessen Interesse tätig wird und von dessen Weisungen abhängig ist. Weisungsgebundenheit liegt vor, wenn der Geschäftsherr die Tätigkeit jederzeit beschränken, entziehen oder nach Zeit und Umfang bestimmen kann. Begeht der Verrichtungsgehilfe ⇨ in Ausführung seiner Verrichtung rechtswidrig (nicht notwendig schuldhaft) eine unerlaubte Handlung, so haftet der Geschäftsherr hierfür, wenn er sich nicht ⇨ exkulpiert oder die fehlende ⇨ Kausalität darlegt.

Verschulden
[§§ 276, 823]
★

Subjektive Vorwerfbarkeit eines objektiv rechtswidrigen Verhaltens. Erfordert ⇨ Verschuldensfähigkeit. Verschuldensgrade sind ⇨ Vorsatz und ⇨ Fahrlässigkeit.

Verschuldensfähigkeit

Fähigkeit, haftungsrechtliche Konsequenzen seines Verhaltens zu tragen, s. auch ⇨ Deliktsfähigkeit. Einer ⇨ juristischen Person wird das Verschulden ihrer Organe gem. §§ 31, 89 zugerechnet.

Versendungskauf
[§§ 447, 474 V 2]
★

Kaufvertrag, bei dem der Verkäufer auf Verlangen des Käufers die Kaufsache an einen anderen Ort als den ⇨ Erfüllungsort versendet (sog. ⇨ Bestimmungsort). Beim Versendungskauf geht (in Abweichung von § 446) die Gefahr des zufälligen Untergangs und der zufälligen Verschlechterung der Kaufsache bereits dann auf den Käufer über (⇨ Gefahrübergang), wenn der Verkäufer die Sache am Erfüllungsort an eine sorgfältig ausgewählte Transportperson übergeben hat und sich ein ⇨ typisches Transportrisiko verwirklicht.
§ 447 II enthält einen Schadensersatzanspruch des Käufers gegen den Verkäufer, der von Versendungsanweisungen abweicht.
Beim ⇨ Verbrauchsgüterkauf findet § 447 II gemäß § 474 V 2 (ab 01.01.2018: § 475 III 2) keine Anwendung. § 447 I ist hingegen anwendbar, soweit nicht der Käufer den Spediteur ohne Beeinflus-

sung durch den Verkäufer beauftragt hat, § 447 IV (ab 01.01.2018: § 475 II)

Versteckter Dissens
[§ 155]

⇨ Dissens, der von den Parteien im Zeitpunkt der Abgabe ihrer ⇨ Willenserklärungen nicht bemerkt wurde und der sich auch durch ⇨ Auslegung der Erklärungen nicht beseitigen lässt. Folge: Grds. ist ein Vertrag nicht zustande gekommen. Ausnahme: Dissens betrifft nur einen Nebenpunkt des Vertrags und es ist anzunehmen, dass die Parteien den Vertrag im Übrigen auch ohne diese Regelung geschlossen hätten.

Versteckter Mangel
[§ 377 HGB]

Fehler, die auch bei ordnungsgemäßer Untersuchung nicht erkennbar sind. Relevant im Rahmen der ⇨ Rügeobliegenheit.

Verstrickung
★

Mit der Pfändung beweglicher Sachen oder der Beschlagnahme eines Grundstücks begründetes öffentlich-rechtliches Gewaltverhältnis, das durch § 136 I StGB geschützt ist. Zivilrechtlich begründet die Verstrickung zugunsten des Gläubigers ein relatives ⇨ Veräußerungsverbot.

Vertrag
★

Mehrseitiges ⇨ Rechtsgeschäft, das durch miteinander korrespondierende ⇨ Willenserklärungen der Beteiligten zustande kommt und eine die Beteiligten rechtlich bindende Einigung enthält.

Vertrag mit Schutzwirkung zugunsten Dritter
★

⇨ Vertrag, in dessen Schutzbereich nicht unmittelbar beteiligte dritte Personen derart mit einbezogen sind, dass der Schuldner ihnen zwar nicht zur Primärleistung, aber zum ⇨ Schadensersatz aus § 280 I verpflichtet ist. Voraussetzungen: Leistungsnähe des Dritten (Bestimmungsgemäße und nicht zufällige Berührung mit der Hauptleistung), schutzwürdiges Interesse des Gläubigers am Schutz des Dritten, Erkennbarkeit für den Schuldner, Schutzbedürftigkeit des Dritten (zu verneinen, wenn der eigene vertragliche und gleichwertige Ansprüche hat).

Vertrag zugunsten Dritter
[§ 328 I]
★

⇨ Vertrag, bei dem der ⇨ Schuldner (Versprechender) sich gegenüber dem ⇨ Gläubiger (Versprechensempfänger) verpflichtet, die vertragliche Leistung an einen Dritten zu erbringen. Beim echten Vertrag zugunsten Dritter i.S.d. § 328 erlangt der Dritte daher einen eigenen ⇨ Anspruch auf die Leistung. Beim unechten Vertrag zugunsten Dritter besteht dieser Anspruch nicht, aber der Versprechensempfänger hat Dritten eine ⇨ Empfangsermächtigung erteilt.

Vertrag zugunsten Dritter auf den Todesfall
[§§ 328, 331]
★

Echter ⇨ Vertrag zugunsten Dritter, bei dem der Dritte den Anspruch erst mit dem Tod des Versprechensempfängers erwirbt. Rechtsgrund für diesen Anspruch ist regelmäßig ein Schenkungsvertrag zwischen dem Versprechensempfänger und dem Dritten, der als Rechtsgeschäft unter Lebenden nicht unter die Formvorschriften des § 2301 fällt. Ist der Schenkungsvertrag unwirksam, so kann der Versprechende den Anspruch vom Dritten kondizieren bzw. ihm die ⇨ Bereicherungseinrede entgegenhalten.

Vertrag, verkehrstypischer

Schuldrechtlicher Vertrag, der zwar nicht im Schuldrecht BT normiert ist, aber durch Rechtsprechung und Literatur ausgestaltet wurde (z.B. Leasing).

Vertraglich vorausgesetzte Verwendung
[§ 434 I 2 Nr. 1]
★

Die Parteien haben sich bei Vertragsschluss nicht über eine bestimmte Beschaffenheit der Kaufsache, aber über eine bestimmte (besondere) Verwendung geeinigt haben. Die Einigung kann auch konkludent erfolgen, allerdings ist hier ein strenger Maßstab anzusetzen, damit der Tatbestand der Eignung zur ⇨ gewöhnlichen Verwendung einen Anwendungsbereich behält.

Vertragsfreiheit
[Art. 2 I GG,§ 311 I]

Recht aller Rechtssubjekte, grundsätzlich frei schuldrechtliche Verträge (auch: ⇨ atypische Verträge) abschließen zu können. Im

Gegensatz dazu gilt für sachenrechtliche Verträge der ⇨ numerus clausus.

Vertrauensinteresse

Synonym für ⇨ negatives Interesse.

Vertretbare Sachen
[§ 91]

⇨ Bewegliche Sachen, die im Verkehr nach Zahl, Maß oder Gewicht bestimmt zu werden pflegen.

Vertretenmüssen
[§ 276 I, 278]
★

Der ⇨ Schuldner hat grundsätzlich sein ⇨ Verschulden (also ⇨ Vorsatz und ⇨ Fahrlässigkeit) zu vertreten. Strengere oder mildere Maßstäbe können aber (konkludent) vereinbart sein, letztere insbesondere aufgrund einer ⇨ Garantie oder eines Beschaffungsrisikos, welches grundsätzlich bei der ⇨ Gattungsschuld besteht. Der Schuldner hat ferner das Verschuldens seines ⇨ gesetzlichen Vertreters und seines ⇨ Erfüllungsgehilfen zu vertreten. Das Vertretenmüssen ist insbesondere vermutete Voraussetzung für Ansprüche aus den §§ 280 ff., ⇨ Exkulpation ist aber möglich.

Vertreter
[§§ 164 ff.]

Derjenige, der eine eigene ⇨ Willenserklärung in fremdem Namen abgibt. Abzugrenzen anhand des äußeren Erscheinungsbildes vom ⇨ Boten.

Vertreter ohne Vertretungsmacht
[§§ 177, 179]
★

Handelt ein ⇨ Vertreter ohne ⇨ Vertretungsmacht und verweigert der Vertretene die Genehmigung, so wird er nicht gebunden. Stattdessen haftet der Vertreter nach Wahl des Geschäftsgegners auf Erfüllung oder auf Ersatz des ⇨ Vertrauensinteresses.

Vertretung
[§§ 164 ff.]

Bezeichnung des Gesetzeswortlauts für die üblicherweise als solche bezeichnete ⇨ Stellvertretung.

Vertretungsmacht
[§ 164]
★

Soweit die Vertretungsmacht des Vertreters (sein rechtliches „Können“) reicht, verpflichten und berechtigen seine ⇨ Willenserklärungen und die von ihm entgegengenommenen Willenserklärungen anderer den Vertretenen (§ 164 I 1 u. III). Sie kann sich aus Gesetz (⇨ gesetzliche Vertretungsmacht, auch für ⇨ Organe), einer rechtsgeschäftlich erteilten ⇨ Vollmacht oder aus Rechtsscheinstatbeständen (⇨ Duldungsvollmacht, ⇨ Anscheinsvollmacht) ergeben. Die Vertretungsmacht ist ⇨abstrakt, sodass eine sich nur aus dem Innenverhältnis ergebende Beschränkung (das rechtliche „Dürfen“ des Vertreters, z.B: ⇨ Auftrag, ⇨ Arbeitsvertrag) sich nicht auf die Vertretungsmacht auswirkt. Ausnahme: ⇨ Missbrauch der Vertretungsmacht

---

Verwahrungsvertrag
[§ 688]

⇨ Vertrag, mit dem sich der Verwahrer ⇨ entgeltlich oder unentgeltlich verpflichtet, eine ihm vom Hinterleger übergebene ⇨ bewegliche Sache aufzubewahren.

Verwandtschaft
[§ 1589]

Beziehung zwischen zwei Personen, die über eine oder mehrere Geburten dieselbe Abstammung haben. Wer von einer Person abstammt ist mit dieser in gerader Linie verwandt. Zwei Personen, die von derselben dritten Person abstammen, sind in Seitenlinie verwandt. Der Grad der Verwandtschaft ergibt sich aus der Zahl der vermittelnden Geburten, z.B. ist der Urenkel Verwandter dritten Grades in aufsteigender gerader Linie seiner Urgroßmutter und zwei Geschwister sind Verwandte zweiten Grades in Seitenlinie. ⇨ Schwägerschaft ist keine Verwandtschaft.

Verwendung
[§§ 994 ff.]
★

⇨ Aufwendungen, welche der Sache zu Gute kommen. Nach engem Verwendungsbegriff sind Verwendungen alle Maßnahmen, die den Bestand der Sache erhalten, wiederherstellen oder verbessern, ohne die Sache grundlegend zu verändern oder umzugestalten. Nach weitem Verwendungsbegriff sind alle Vermögensaufwendungen, die der Sache zugute kommen, Verwendungen.

Verwendungskondiktion

Bereicherungsausgleich im Fall, dass auf eine fremde ⇨ Sache ⇨ Verwendungen gemacht wurden, die nicht nach Sonderregeln (Vertrag, Geschäftsführung ohne Auftrag, §§ 994 ff. bei Verwendungen des unrechtmäßigen Besitzers) zu erstatten sind.

Verwirkung
[§ 242]
★

Sonderfall der ⇨ unzulässigen Rechtsausübung der dazu führt, dass ein subjektives Recht nicht mehr geltend gemacht werden kann. Kann bei ⇨ Ansprüchen auch vor ihrer ⇨ Verjährung eintreten. Erfordert das schutzwürdige Vertrauen des anderen darauf, dass das Recht nicht mehr geltend gemacht wird. Dafür muss eine gewisse Zeit verstreichen und es müssen gewisse weitere Umstände dieses Vertrauen stützen (Zeit- und Umstandsmoment).

Verzögerungsschaden
[§§ 280 I u. II, 286]
★

Schaden, der infolge der Verzögerung der Leistung eingetreten ist und der bei Nachholung der Leistung nicht mehr entfallen würde. Er wird nur bei ⇨ Verzug des Schuldners ersetzt. Beispiele: Mehraufwendungen infolge verspäteter Herstellung, ⇨ entgangener Gewinn, wenn der Gewinn wegen der Verspätung scheitert, Kosten der Rechtsverfolgung, die nach Eintritt des Verzuges entstanden sind (nicht hingegen die Kosten für die verzugsbegründende Mahnung) sowie ⇨ Verzugszinsen

---

Verzug
[§ 286]
★

Der ⇨ Schuldner einer ⇨ Leistung i.S.d. Schuldrechts kommt in Verzug, wenn er auf eine nach ⇨ Fälligkeit ausgesprochene ⇨ Mahnung nicht leistet. Die Mahnung kann entbehrlich sein, insbesondere bei ⇨ Entgeltforderungen. ⇨ Vertretenmüssen ist erforderlich, wird aber vermutet.

Verzugszinsen
[§ 288]

Gesetzlich angeordneter Mindestschaden, den der Gläubiger einer ⇨ Geldschuld als ⇨ Verzögerungsschaden ansetzen kann.

Vindikation(-slage)
★

Spannungsverhältnis zwischen dem ⇨ Eigentümer einer ⇨ Sache und ihrem ⇨ Besitzer, der kein ⇨ Recht zum Besitz hat, aus dem sich der ⇨ Eigentumsherausgabeanspruch ergibt. Grundvoraussetzung der weiteren Ansprüche aus dem ⇨ EBV (§§ 987 ff.).

Vollendung der Geburt
[§ 1]

Vollständiger Austritt aus dem Leib der ⇨ Mutter. Die Trennung der Nabelschnur ist nicht erforderlich.

Vollerbe

Erbe, der in Abgrenzung zum ⇨ Vorerben keiner Verfügungsbeschränkung hinsichtlich des geerbten Vermögens unterliegt.
S. auch ⇨ Berliner Testament

Vollmacht
[§ 166 II 1]

Durch Rechtsgeschäft erteilte ⇨ Vertretungsmacht. Der Umfang der Vollmacht wird vom Vollmachtgeber festgelegt, er kann wegen der Abstraktheit der Vollmacht von dem Innenverhältnis (z.B. ⇨ Auftrag, ⇨ Arbeitsvertrag) abweichen. Regelmäßig sind die Umfänge identisch, bei einer Vollmacht mit fixem Inhalt (z.B. ⇨ Prokura) sind aber Abweichungen denkbar.

Vollmacht (Erlöschen)
[§ 168 S. 1]

Das Erlöschen der Vollmacht kann sich aus ihrem Inhalt ergeben (z.B. ⇨ Befristung oder ⇨ Bedingung), aus dem Ende des der Vollmacht zugrunde liegenden Innenverhältnisses (§ 168 S. 1) oder aus ihrem Widerruf. Der Widerruf ist eine einseitige empfangsbedürftige ⇨ Willenserklärung, der auf dem gleichen Wege wie die ⇨ Vollmachterteilung (actus-contrarius-Gedanke) erfolgen kann. Der Geschäftsgegner, der das Erlöschen der Vollmacht nicht kennt, wird nach Maßgabe des § 172 geschützt.

Vollmacht (Erteilung)
[§ 167]

Einseitige empfangsbedürftige ⇨ Willenserklärung, die auf drei Arten erfolgen kann: Als Innenvollmacht gegenüber dem zu Bevollmächtigenden, als Außenvollmacht gegenüber dem Geschäftsgegner und durch öffentliche Bekanntmachung (arg. § 171 I). Sie ist grundsätzlich formlos möglich und bedarf nicht der ⇨ Form des Rechtsgeschäfts, zu dem sie erteilt wurde (§ 167 II).

Vollzug [§ 2301]

Gewisser dinglicher Vollzug der ⇨ Schenkung, der nach h.M. regelmäßig dann anzunehmen ist, wenn der Schenker ein Vermögensopfer bereits zu Lebzeiten erbracht und alles getan hat, was er zum Rechtsübergang des Schenkungsgegenstandes tun konnte (z.B: auf dem Sterbebett einen Boten mit der Sache losschicken). Nicht erforderlich ist eine vollendete Übertragung.

Vorbehaltsgut

Siehe ⇨ Gesamtgut

Vorerbe [§ 2139]

Person, die vom Zeitpunkt des ⇨ Erbfalls bis zum Eintritt des Nacherbfalls ⇨ Erbe wird. Danach geht die Erbschaft auf den ⇨ Nacherben über.

Vorformuliert [§ 305 I]

Siehe ⇨ für eine Vielzahl von Verträgen vorformuliert

Vorkaufsrecht [§§ 463-473, 1094 ff.]

Ein Vorkaufsrecht räumt dem Vorkaufsberechtigten die Möglichkeit ein, im Falle des Verkaufs eines Gegenstandes durch den Vorkaufsverpflichteten an einen Dritten durch eine einseitige empfangsbedürftige Gestaltungserklärung zwischen sich und dem Vorkaufsverpflichteten einen Kaufvertrag zu gleichen Bedingungen herbeizuführen. Kann formlos mit nur schuldrechtlicher Wirkung oder für ⇨ Grundstücke bei Eintragung im ⇨ Grundbuch mit absoluter Wirkung gegenüber jedermann vereinbart werden.

Vormerkung
[§§ 883 ff.]
★

Sicherungsrecht eigener Art zur Sicherung eines ⇨ Anspruchs auf ⇨ Verfügung über ein ⇨ dingliches Recht an einem ⇨ Grundstück. Verfügungen, die den vorgemerkten Anspruch gefährden, sind gegenüber dem Vormerkungsberechtigten ⇨ relativ unwirksam (§ 883 II).

Vormerkungsbestellung (Ersterwerb)
[§§ 883, 885]
★

Erfordert: einen sicherbaren Anspruch (vgl. ⇨ Vormerkung), eine Bewilligung des betroffenen oder eine einstweilige Verfügung, die Eintragung der Vormerkung in das ⇨ Grundbuch und die ⇨ Berechtigung des Bewilligenden.

Vormerkungsübertragung (Zweiterwerb)
[§ 401 analog]
★

Die ⇨ Vormerkung geht aufgrund der ⇨ Akzessorietät analog § 401 zusammen mit der gesicherten Forderung über. Sie ist (wie die ⇨ Hypothek) nicht selbständig übertragbar. Nach h.M. ist über §§ 401 analog, 892 auch der Zweiterwerb vom Nichtberechtigten möglich: Die Wirkung des § 401geschieht zwar Kraft Gesetzes, aber die Übertragung der Vormerkung beinhaltet das erforderliche ⇨ Verkehrsgeschäft.

Vormundschaft
[§§ 1773–1895]

Umfassende Sorge für einen ⇨ Minderjährigen. Wird angeordnet, wenn er überhaupt nicht unter elterlicher Sorge steht, wenn seine ⇨ Eltern weder in den seine Person noch in den sein Vermögen betreffenden Angelegenheiten zu seiner gesetzlichen Vertretung berechtigt sind oder wenn sein Familienstand nicht zu ermitteln ist (Findelkind).

Vorsatz
★

Vorsatz ist das Wissen und Wollen eines rechtswidrigen Erfolgs. Der Handelnde muss den Erfolg vorausgesehen und ihn in seinen Willen aufgenommen haben. Da im Zivilrecht das Bewusstsein der Rechtswidrigkeit zum Vorsatz gehört (Vorsatztheorie), schließt jeder Irrtum, gleich ob es sich um einen Tatsachen- oder Rechtsirrtum handelt, den Vorsatz aus (anders im Strafrecht: § 16 vs. § 17 StGB). Bei einem vermeidbaren Irrtum kommt jedoch eine Fahrlässigkeitshandlung in Betracht. Zu unterscheiden sind wie im Strafrecht Absicht (dolus directus 1. Grades), direkter Vorsatz (dolus directus 2. Grades) sowie bedingter Vorsatz (dolus eventualis).

Vorsätzliche sittenwidrige Schädigung
[§ 826]

Die Handlung muss ⇨ sittenwidrig sein. Der eingetretene Schaden muss vom ⇨ Vorsatz des Täters umfasst sein, wobei bedingter Vorsatz, d.h. die billigende Inkaufnahme eines als möglich vorgestellten Schadens, genügt. Wichtige Fallgruppen: ⇨ arglistige Täuschung bei Eingehung eines Vertrags, ⇨ Verleitung zum Vertragsbruch, Vereitelung fremder Forderungs- und Vertragsrechte, missbräuchliche Ausnutzung rechtskräftiger Vollstreckungstitel sowie missbräuchliche Ausnutzung wirtschaftlicher Machtstellungen

---

Vorteilsanrechnung
[§§ 249 ff.]
★

Verrechnung eines Vorteils, den der Geschädigte durch das Schadensereignis erlangt, mit seinen Schadensposten. Erfolgt nur, wenn eine normative Wertung ergibt, dass diese Anrechnung dem Geschädigten zumutbar ist und dass sie den Schädiger nicht unbillig entlastet.

Vorvertrag

⇨Vertrag, durch den sich die Vertragsparteien bereits bindend zum Abschluss eines späteren Hauptvertrags verpflichten. Mindestinhalt sind bestimmbare Hauptleistungspflichten. Er bedarf immer der für den Hauptvertrag vorgeschriebenen ⇨ Form.

Wahlschuld
[§§ 262–265]

Schuldverhältnis, bei dem mehrere verschiedene Leistungen in der Weise geschuldet werden, dass nach späterer Wahl des Schuldners oder des Gläubigers nur die gewählte zu erbringen ist. Es besteht ein einheitlicher Anspruch mit alternativem Inhalt, während bei der ⇨ elektiven Konkurrenz zwei alternative Ansprüche vorliegen.

Ware
[§ 241 a I]

⇨ Bewegliche Sache, die nicht aufgrund von Zwangsvollstreckungsmaßnahmen oder anderen gerichtlichen Maßnahmen verkauft wird.

Wechselbezügliche Verfügung
[§ 2270]
★

⇨ Verfügung von Todes wegen in einem ⇨ gemeinschaftlichen Testament, die nur getroffen wird, weil der andere ebenfalls eine solche getroffen hat. Im Zweifel liegt Wechselbezüglichkeit vor, wenn die Ehegatten oder Lebenspartner sich gegenseitig bedenken oder einer, anstatt zugunsten des anderen zu verfügen, im Gegenzug eine mit diesem ⇨ verwandte Person bedenkt.

Wegfall der Bereicherung

Siehe ⇨ Entreicherung

Wegnahmerecht
[z.B. §§ 997, 258]

Recht desjenigen, der eine Sache an einen anderen herauszugeben hat, auf Wegnahme und Aneignung einer Einrichtung, mit der er die Sache verbunden hat.

Weit überwiegende Verantwortlichkeit
[§ 326 II 1 Var. 1]
★

Weit überwiegend ist der Gläubiger für die Unmöglichkeit verantwortlich, wenn eine Abwägung nach § 254 trotz eines Verursachungsbeitrags des Schuldners zu einer Alleinverantwortlichkeit des Gläubigers führen würde. Folge: Der Gegenleistungsanspruch bleibt trotz Unmöglichkeit bestehen.

Weiterfressender Mangel
[§ 823 I]
★

Durch Lieferung einer mangelhaften Sache entstehender Schaden, der über den Mangelunwert, den die Sache von vornherein hatte, hinausgeht (Verletzung des ⇨ Äquivalenzinteresses) und das ⇨ Integritätsinteresse verletzt. Ist der Mangelunwert, den die Sache von Anfang an wegen des Fehlers hatte, mit dem entstandenen Schaden ⇨ stoffgleich, so ist nur das Äquivalenzinteresse verletzt. Nur bei Verletzung des Integritätsinteresses bestehen Ersatzansprüche gem. § 823 I.

Werk
[§§ 631 ff.]

Herbeiführung jedes Erfolgs (z.B. Reparaturarbeiten, geistige Tätigkeit, Beförderungsleistung, Konzert).

Werkunternehmer

Synonym für ⇨ Unternehmer (§§ 631 ff.)

Werkunternehmerpfandrecht
[§ 647]

Gesetzliches ⇨ Pfandrecht des Werkunternehmers für seine Forderungen an den beweglichen Sachen des ⇨ Bestellers, die in seinen Besitz gelangt sind.

AB CD EF GH IJK LM NO PQ RS TU VW XYZ

Werkvertrag
[§§ 631 ff.]

Vertrag, in dem sich der ⇨ Unternehmer zur Herstellung eines ⇨ Werks, gegebenenfalls gegen eine vom ⇨ Besteller zu erbringende Vergütung verpflichtet. Ab dem 01.01.2018 sind als Spezialfälle des Werkvertrags der ⇨ Bauvertrag und der ⇨ Verbraucherbauvertrag geregelt. Ferner werden als werkvertragsähnliche Verträge der ⇨ Architekten- und Ingenieurvertrag sowie der ⇨ Bauträgervertrag kodifiziert.

Wertpapier

Urkunde, die ein Privatrecht in der Weise verbrieft, dass es ohne diese Urkunde nicht geltend gemacht werden kann.

Werturteil
★

Aussage, die durch Elemente des persönlichen Dafürhaltens geprägt und im Rahmen einer geistigen Auseinandersetzung überzeugen soll. Abzugrenzen von der ⇨ Tatsache.

Wesentliche Bestandteile
[§§ 93, 94]
★

Bestandteile einer einheitlichen Sache, die voneinander nicht getrennt werden können, ohne dass der eine oder der andere Teil zerstört oder in seinem Wesen verändert wird. Die zur Herstellung eines Gebäudes eingefügten Sachen und das Gebäude selbst sind unabhängig von der Festigkeit der Verbindung wesentliche Bestandteile des ⇨ Grundstücks.

Wichtiger Grund (für eine Kündigung)
[§ 314 I 2]

Dem Kündigenden ist unter Berücksichtigung aller Umstände des Einzelfalls und unter Abwägung der beiderseitigen Interessen die Fortsetzung des Vertragsverhältnisses bis zum Ablauf der vereinbarten Befristung bzw. bis zur nächsten ordentlichen Möglichkeit der Kündigung ⇨ unzumutbar.

Widerrechtliche Drohung
[§ 123 I Var. 2]
★

Drohung ist die Ankündigung eines künftigen Übels, auf dessen Eintritt der Erklärende aus der Sicht des Adressaten Einfluss hat. Die Drohung ist widerrechtlich, wenn das Mittel, der Zweck oder die Zweckmittelrelation verwerflich sind.

Widerruf
[§§ 109, 130]
★

Durch einen Widerruf werden die Rechtsfolgen einer noch nicht zugegangenen und daher noch nicht endgültig wirksamen ⇨ Willenserklärung rückwirkend beseitigt.

Widerruf (Verbraucherrecht)
★

Rückwirkende Auflösung eines Verbrauchervertrags durch einseitige Erklärung des Verbrauchers aufgrund eines gesetzlichen Widerrufsrechts. Ein Widerrufsrecht besteht insbesondere bei ⇨ Fernabsatzverträgen, bei ⇨ außerhalb von Geschäftsräumen geschlossenen Verträgen, bei ⇨ Verbraucherdarlehensverträgen, bei ⇨ Ratenlieferungsverträgen und – ab dem 01.01.2018 – bei ⇨ Verbraucherbauverträgen.

Widerrufsdurchgriff
[§ 358 I u. II]
★

Der ⇨ Widerruf eines ⇨ verbundenen Vertrags wirkt gleichermaßen für den anderen verbundenen Vertrag.

Widerspruch
[§ 899]

Kann im ⇨ Grundbuch eingetragen werden, wenn die Voraussetzungen des ⇨ Grundbuchberichtigungsanspruchs aus § 894 vorliegen. Verhindert hinsichtlich Rechten an Grundstücken den ⇨ Erwerb vom Nichtberechtigten nach § 892.

Widersprüchliches Verhalten

Synonym für ⇨ venire contra factum proprium

Willenserklärung
★

Eine Willenserklärung ist die Äußerung jedes auf die Herbeiführung einer Rechtsfolge gerichteten Willens. Der äußere Erklärungstatbestand muss den Schluss zulassen auf einen Handlungswillen, einen Rechtsbindungswillen, sowie einen bestimmten Geschäftswillen. Spiegelbildlich dazu sind für eine fehlerfreie Willenserklärung im inneren Erklärungstatbestand ⇨ Handlungswille, ⇨ Erklärungsbewusstsein (auch: Rechtsbindungswille) sowie ein bestimmter ⇨ Geschäftswille erforderlich.

Willensmangel ★

Fehler einer ⇨ Willenserklärung, der entweder in einem ⇨ Irrtum bei Abgabe der Erklärung oder in einer fehlerhaften Willensbildung liegt (fehlender ⇨ Handlungswille, fehlendes ⇨ Erklärungsbewusstsein, fehlender oder fehlerhafter ⇨ Geschäftswille).

Wohnraummietvertrag [§§ 549 ff.]

Mietvertrag über Wohnraum, der der Schriftform bedarf, wenn er für längere Zeit als ein Jahr geschlossen wurde. Bei Verstoß gegen dieses Formerfordernis gilt der Vertrag jedoch in Abweichung zu § 125 S. 1 nicht als nichtig, sondern als auf unbestimmte Zeit abgeschlossen, § 550.

Wohnsitz [§ 7]

Räumlicher Schwerpunkt (Mittelpunkt) der gesamten Lebensverhältnisse einer Person.

Wörtliches Angebot [§ 295]

⇨ Geschäftsähnliche Handlung des ⇨ Schuldners, durch die ⇨ Annahmeverzug des ⇨ Gläubigers begründet wird, wenn er bereits vorher erklärt hat, die ⇨ Leistung i.S.d. Schuldrechts nicht anzunehmen, oder wenn er die Sache abzuholen hat.

Wucher [§ 138 II]

Rechtsgeschäft, durch das jemand unter Ausbeutung der Zwangslage, der Unerfahrenheit, des Mangels an Urteilsvermögen oder der erheblichen Willensschwäche eines anderen sich oder einem

AB CD EF GH IJK LM NO PQ RS TU VW XYZ

Dritten für eine Leistung Vermögensvorteile versprechen oder gewähren lässt, die in einem auffälligen Missverhältnis zu der Leistung stehen.

Zedent ★	Derjenige, der abtritt, s. ⇨ Abtretung.
Zeitmoment	Siehe ⇨ Verwirkung
Zerrüttungsprinzip	Siehe ⇨ Scheidung
Zession [§ 398 S. 1]	Synonym für ⇨ Abtretung.
Zessionar ★	Derjenige, an den abgetreten wird, s. ⇨ Abtretung.
Zubehör [§ 97]	⇨ Bewegliche Sachen die, ohne Bestandteile der Hauptsache zu sein, dem wirtschaftlichen Zweck der Hauptsache dienen.

Zugang (einer Willenserklärung unter Anwesenden) ★

Nach h.M. geht eine ⇨ Willenserklärung unter Anwesenden zu, wenn der Empfänger sie akustisch vernommen hat oder wenn der Erklärende zumindest damit rechnen konnte, dass der Empfänger seine Erklärung richtig und vollständig verstanden hat.

Zugang (einer Willenserklärung unter Abwesenden) [§ 130] ★

Zugegangen ist eine ⇨ Willenserklärung, wenn sie derart in den Machtbereich des Empfängers gelangt ist, dass gewöhnlich mit Kenntnisnahme zu rechnen ist. Bei Geschäftsunfähigen ist Zugang beim gesetzlichen Vertreter erforderlich (§ 131 I). Dies gilt auch bei beschränkt Geschäftsfähigen, wenn die Erklärung nicht lediglich rechtlich vorteilhaft ist. ⇨ Heilung analog § 108 ist möglich. Zugang beim ⇨ Empfangsvertreter ist zeitgleich Zugang beim Vertretenen, hingegen ist der Zugang beim ⇨ Empfangsboten erst dann Zugang beim Geschäftsherrn, wenn gewöhnlich mit dessen Kenntnisnahme zu rechnen ist.

Zugewinn [§ 1373]

Betrag, um den das ⇨ Endvermögen eines Ehegatten sein ⇨ Anfangsvermögen übersteigt. Relevant für den ⇨ Zugewinnausgleich.

Zugewinnausgleich
[§1378 I]
★

Finanzieller Ausgleich zwischen zwei Eheleuten in ⇨ einer Zugewinngemeinschaft aufgrund ⇨ Scheidung. Berechnung: Aus den ⇨ Zugewinnen beider Ehegatten wird die Differenz gebildet. Die Differenz wird halbiert. Der Ehegatte mit dem geringeren Zugewinn hat gegen den Ehegatten mit dem höheren Zugewinn einen Anspruch auf Zahlung dieser Summe.

Zugewinngemeinschaft
[§§ 1363 ff.]

Gesetzlicher ⇨ Güterstand in der ⇨ Ehe. Während der Ehe hat jeder Ehegatte sein eigenes Vermögen. Bei Beendigung der Ehe wird im Rahmen des ⇨ Zugewinnausgleichs das Vermögen, welches die Ehegatten während der Ehe erwirtschaftet haben, hälftig aufgeteilt.

Zurechnung von Wissen und Willensmängeln
[§ 166]
★

Für etwaige ⇨ Willensmängel oder die Frage des Vorliegens eines bestimmten Wissens bei Abgabe der ⇨ Willenserklärung kommt es grundsätzlich auf die Person des ⇨ Vertreters, nicht auf die des Vertretenen an. Ausnahmsweise kommt es auf den Vertretenen an, wenn ein rechtsgeschäftlich Bevollmächtigter auf Weisung des Vertretenen handelt.

Zurückbehaltungsrecht
[§ 273]
★

Leistungsverweigerungsrecht des ⇨ Schuldners bis zur Bewirkung eines ⇨ fälligen Gegenanspruches aus demselben rechtlichen Verhältnis, auf dem die Verpflichtung des Schuldners beruht. Aufgrund des rechtlichen Verhältnisses muss ⇨ Konnexität der Ansprüche bestehen.

Zurückbehaltungsrecht
[§ 320]
★

Leistungsverweigerungsrecht des ⇨ Schuldners bis zur Bewirkung eines ⇨ fälligen Gegenanspruches, welcher mit dem geltend gemachten Anspruch im ⇨ Synallagma steht. Anders als das ⇨ Zurückbehaltungsrecht aus § 273 nicht durch Sicherheitsleistung abwendbar.

Zurückbehaltungsrecht, dingliches
[§ 1000]
★

Recht des ⇨ unrechtmäßigen Besitzers, die Herausgabe an den Eigentümer vom Ersatz seiner ⇨ Verwendungen abhängig zu machen. Im Unterschied zum ⇨ Zurückbehaltungsrecht aus § 273 ist keine ⇨ Fälligkeit des Gegenanspruchs erforderlich, da diese wegen § 1001 in der Regel nicht besteht.

Zurücknehmen musste
[§ 478 I bis 31.12.2017;
§ 445 a ab 01.01.2018]

Die Zurücknahmeverpflichtung des ⇨ Unternehmers kann darauf beruhen, dass der Verbraucher Nacherfüllung gem. §§ 437 Nr. 1, 439 I verlangt hat, der ⇨ Verbraucher vom Kaufvertrag gem. §§ 437

Nr. 2, 323 zurückgetreten ist oder der Verbraucher (großen) Schadensersatz gem. §§ 437 Nr. 3, 440, 280 ff. verlangt hat.

Zusammenhängende Verträge
[§ 360]

Verträge, die zwar keine ⇨ verbundenen Verträge sind, aber wegen ihres Zusammenhangs zum Teil wie verbundene Verträge behandelt werden.

Zustandsstörer

Fallgruppe des ⇨ Störers, siehe dort.

Zustimmung
[§ 182]
★

Einseitige empfangsbedürftige ⇨ Willenserklärung, mit der die Billigung des von einem anderen vorgenommenen ⇨ Rechtsgeschäfts erklärt wird und die Wirksamkeitsvoraussetzung für das Rechtsgeschäft ist. Gesetzliche Zustimmungserfordernisse ergeben sich aus §§ 107 ff., 177, 180, 185. Zu unterscheiden sind die vor der Vornahme des Rechtsgeschäfts erteilte ⇨ Einwilligung und die nachträglich erklärte ⇨ Genehmigung.

Zweiterwerb
★

Übertragung eines bereits bestehenden Rechts z.B. Übertragung einer Hypothek oder des Eigentums.